DOCTEUR GRÉGOIRE

—

TURLUTAINES

—

DICTIONNAIRE

HUMORISTIQUE, SATIRIQUE

ET ANTI-NATURALISTE

DEUXIÈME ÉDITION

PARIS

CHEZ TOUS LES LIBRAIRES

—

TURLUTAINES

DOCTEUR GRÉGOIRE

TURLUTAINES

DICTIONNAIRE

Humoristique, Satirique

et Antinaturaliste

PARIS
CHEZ TOUS LES LIBRAIRES

INTRODUCTION

———

La folie humaine — qui se subdivise en : ha-
netons, dadas, toquades, marottes et TURLU-
TAINES — la folie humaine a été et sera de tous
les temps et de tous les pays.

La *Science* peut marcher — et elle a fait des
pas de géant. Mais le jugement, le bon sens, la
Raison, n'ont rien de commun avec la *Science*.

La *Raison* est un écureuil, qui tourne et tour-
nera toujours dans la cage des passions humai-
nes, qui sont immuables.

Qu'on nous cite une seule des passions de
l'homme, un seul des sept péchés capitaux, un
seul vice, dont il se soit corrigé depuis Adam.

L'orgeuil, l'envie, la paresse, l'avarice, la
gourmandise, la colère, la luxure sont des péchés originels qui n'ont jamais cessé de nous
conduire par le bout du nez.

Dans le premier dictionnaire qui a été fait, vous lirez : « Joueur, menteur, voleur, assassin, ivrogne, hypocrite, égoïste, ambitieux, intrigant, méchant, etc., etc. »

Et toutes ces épithètes, vous les retrouverez dans le vocabulaire le plus moderne, — avec chaussure à leur pied.

Or, tous ces vices, tous ces défauts qui — non seulement, ne nous rapportent rien, mais qui sont préjudiciables et aux autres et à nous-mêmes — puisqu'ils ne nous font que des ennemis, tous ces péchés sont une preuve irréfutable de notre folie. — Folie incurable, je le sais aussi bien que vous, dont il faut tâcher de rire, et dont il est bon, au moins, d'avoir conscience.

*
* *

Une des plus étranges *Turlutaines* de l'heure présente, c'est le *Naturalisme* et, surtout, le *Documentisme ;* une maladie, une folie, dont on peut définir, de la façon suivante, les personnes qui en sont atteintes :

Le naturaliste est un détraqué qui se croit un original, et qui prend la maladie pour l'état normal ; l'hôpital pour la maison ; Nana pour Ninon ; l'Egout pour la Cité et Pantin pour Paris.

Or, considérant le Naturalisme comme un des fléaux les plus pernicieux de notre époque, nous lui ferons une guerre sans trêve ni répit. Et nous ne le combattrons point par des épithètes en l'air ; par des impressions personnelles ; par ce qu'on appelle « un avis, une opinion » ; non ; mais par des arguments, par des faits ; nous le disséquerons à la loupe, scalpel en main — cadavre sur table.

Dr GRÉGOIRE.

TURLUTAINES

A

ART. — L'art n'est pas la vérité, *vue*, la vérité, quand même ; ça, ce n'est que la photographie, le réalisme. « L'art, c'est la vérité créée et choisie. Vous entendez bien, M. Zola : la vérité créée... et choisie ; » proscrivant, par conséquent, les peintures, gratuitement malpropres, qui offusquent les yeux et l'esprit ; les mots orduriers, qui offensent l'oreille ; les plats nauséabonds, qui révoltent le goût et l'odorat ; proscrivant enfin toute cette vilaine cuisine, qui semble n'avoir pour but que d'horripiler les cinq sens.

M. Zola est à un romancier, digne de ce nom, ce que serait, à un peintre, un photographe — de deuxième ordre, — braquant son objectif, sans discernement, sur Pantin ou sur les abattoirs.

On ne peut résumer M. Zola que par ce seul mot : une NÉGATION.

Car non seulement il n'a rien apporté de nouveau à l'art du romancier, mais il l'a dépouillé de ses vêtements les plus indispensables ; il l'a dépouillé de tout : de l'invention. de l'agencement, de l'esprit ; des oppositions, des contrastes, d'où résultent les *situations :* des revirements, des péripéties, d'où naît l'*intérêt :* enfin, de tout ce qui constitue la poétique, la valeur réelle et la seule difficulté du roman.

*
* *

Et pourquoi cette proscription. ce massacre ? Est-ce dédain de la règle ? Est-ce inconscience, ou charlatanisme ? — Car si M. Zola est un inconscient, il est aussi un Mangin littéraire, de première classe. — Ce n'est qu'après avoir constaté qu'il « n'arriverait » jamais, par le talent, qu'il a dit : Cambronne ! et qu'il a voulu « parvenir » par le scandale, en jetant sa langue par-dessus la Villette. C'est un peu par toutes ces raisons-là qu'il s'est livré à cet abatage. Mais c'est, avant tout, par pénurie, impuissance et médiocrité ; c'est que le malheureux ne possède aucun des secrets de son art ; il ne s'en doute même pas ; c'est pour lui du Patagonais.

*
* *

Il s'est borné, et pour cause, à la *Description*, c'est-à-dire l'A, B, C, du métier, le pont aux ânes ; la vulgarité permise aux cervelles les plus indigentes, et qu'un professeur de rhétorique peut toujours obtenir d'un élève, « moyen », en lui administrant le nombre de calottes nécessaires.

*
* *

Il est vrai que M. Zola a la prétention d'avoir dépouillé, le premier, le dossier, le *document humain* ; c'est-à-dire d'avoir, le premier, peint des mœurs et des caractères ; des sentiments et des passions.

Eh ! bien, qu'est-ce qu'il fait donc, tout d'abord, à Athènes, et d'Eschyle et d'Aristophane ? De Plaute et de Térence ; de Tacite et de Juvénal, à Rome ? Que fait-il donc, en France, de Rabelais et de Montaigne ; de Racine et de Molière ? Puis, redescendant l'échelle des siècles, que fait-il de Balzac, de Stendhal, de Mérimée ?... etc. Ignore-t-il donc aussi que, dans la *Mathilde* d'Eugène Süe, et dans les *Mystères de Paris*, Mlle *de Maran*, et *les Sécherin* ; *Jacques Ferrand*, la *famille Martial* et la mansarde de *l'ouvrier Morel* sont des merveilles de *réalisme* ; mais du bon, celui-là ? Il est vrai que ces vigoureux tableaux sont encadrés dans un drame saisissant. Et, incapable de mouler un pareil cadre, M. Zola trouve plus commode de le briser et de s'asseoir dessus.

Ignore-t-il aussi que, avant l'*Assommoir*, d'Ennery, l'auteur de tant de chefs-d'œuvre, nous avait donné le drame de l'ivresse, dans les *Drames du cabaret* et dans *Marie-Jeanne*. Et que dites-vous, M. Zola, de cette mère qui, réduite par la paresse

et la débauche du mari à porter son enfant au
Tour, trébuche sur le corps d'un ivrogne, étendu
devant le guichet : d'un ivrogne qui est le père de
cet enfant. Croyez-vous qu'une pareille situation
ne soit pas autrement puissante que le *delirium tre-
mens* du sieur Coupeau, qui ne part de rien... et
qui finit par y retourner.

Mais non, n'est-ce pas ? cela vous échappe ;
votre ignorance complète de votre art ne vous per-
mettant pas de comprendre la différence immense
qui existe entre une simple *scène* et une scène faisant *situation*.

* * *

A propos de théâtre, M. Zola nous a menacés,
dernièrement, de se consacrer exclusivement à la
scène, quand il aurait complètement vidé la fosse
documentiste, et de nous donner, alors, la nouvelle
formule et du drame et du langage théâtral.

La *langue* aussi ? Prenez garde, M. Zola. C'est
que, parler aux yeux ou à l'oreille, sont deux
choses tout à fait distinctes. L'œil peut absorber et
digérer une foule de choses, que l'oreille la plus
complaisante ne saurait même pas effleurer. Et la
raison en est bien simple : c'est que, quand on lit,
on est seul, on n'a le respect que de soi-même,
dont on peut faire assez bon marché. Mais, au
théâtre, on est en compagnie, on est solidaire, on
a la pudeur des autres. Et, faites-en votre deuil,
au théâtre vous ne pourrez jamais dire, en abrégé :

« La garde meurt et ne se rend pas ! » Donc, croyez-moi, quand vous voudrez aborder le théâtre : Gardez Busnach.

C'est très difficile à lire, les machines de M. Zola.

Avant le dîner, ça coupe l'appétit ; après, ça trouble la digestion. On ne pourrait donc les lire que la nuit... Mais ça vous endort tout de suite ! Et l'on se demande, avec un double étonnement, comment des volumes si vides peuvent être si longs ; ou comment des volumes si longs peuvent être si vides.

M. Zola, cependant, a pour moi deux mérites : c'est, d'abord, d'avoir décuplé mon admiration pour les *poètes ;* puis, pour les romanciers qui l'ont précédé, dans tous les temps et dans tous les pays, sans en excepter un seul.

Pour Walter Scott et Cooper ; pour Swift, Foé, Richardson, Dickens, Bulwers, etc.

Pour Cervantès et Manzoni, etc.

Pour Gœthe et Schiller, etc.

Pour l'abbé Prévost et Le Sage ; pour Balzac, Mérimée, Stendhal et Eugène Süe, déjà nommés ; pour les deux Dumas, pour George Sand, Soulié, Sandeau, Pigault-Lebrun, Féval, Hetzel, Alphonse Karr, Ch. de Bernard, Topffer, Murger, Verne, Feuillet, Claretie, Ulbach, Cherbuliez, Ohnet, Daudet, Maupassant ; et pour l'auteur de l'*Abbé Constantin* et *de la Famille Cardinal,* n'eût-il fait que cela dans sa vie.

Enfin, le second mérite, pour moi, de M. Zola.

est de m'avoir révélé à quel point j'avais méconnu *Paul de Kock* !

* *
*

La seule consolation pour l'auteur de *Pot-Bouille*, c'est de pouvoir se dire qu'il existe, pourtant, un romancier qui lui est encore inférieur : nous avons nommé l'auteur de *Chérie*, de *la Faustin* et *de la Fille Elisa*.

Il n'a pas de chance, ce pauvre Edmond : du vivant de son frère, on a pu croire qu'ils étaient deux ; mais, aujourd'hui, le doute n'est plus possible, — ils n'étaient qu'un.

— Alors, m'objectera-t-on, c'est donc à dire que M. Zola n'aurait rien à son actif ?

— Si vraiment ; et nous l'avons déjà dit : la description et l'observation — photographique, — qui, nous le répétons aussi, sont le pont aux ânes et l'A, B, C du métier.

— Mais il a certains morceaux, certaines pages ?....

— Eh ! parbleu ! son talent est si petit, si petit que, quand il lui arrive, par hasard, de mettre une scène sur ses pieds, on en vient à trouver que c'est un chef-d'œuvre — un chef-d'œuvre, pour lui — et à la seule condition de ne le comparer qu'à lui-même.

— Mais le style ?

— Il a quelques allures d'écrivain, quand il trempe sa plume dans le fiel — l'encre de l'impuissance et de l'envie. Mais, dès qu'elle cesse d'être bilieuse, cette plume devient fangeuse ou grotesque ; ou, phénomène assez bizarre, elle devient précieuse, prétentieuse, emphatique ; elle devient contournée, enguirlandée, alambiquée, ampoulée. C'est l'ithos et le pathos ; c'est un fatras, un galimatias indescriptibles.

Oui, cher lecteur, dès que M. Zola retire ses grosses bottes, il n'est, en somme, comme écrivain, qu'un *Précieux* ridicule ; un *Parnassien* des Batignolles.

— Mais enfin, le tirage, la vente de ses romans sont un fait indiscutable.

— Indiscutable. Et le Grand Romancier part de là pour enfourcher des illusions bien étranges. Si un *Pot-Bouille* quelconque a été vendu à 50,00 exemplaires, sa modestie, bien connue, en conclut carrément qu'il a eu 50,000 admirateurs.

Nous allons le ramener à la réalité des choses en lui montrant de quels éléments se compose le total de ses lecteurs.

1º Les vieux paillards et les filles d'Ève, amoureuses de toutes crudités.

2º Les désœuvrés, qui lisent tout ce qui paraît et qui vous disent, presque sans exception, qu'ils ont lâché le livre, après le 1er chapitre, ou qu'ils en ont passé les trois quarts.

3º Les gens qui ont horreur de ses élucubrations et qui n'en affrontent la lecture que pour pouvoir les conspuer, pièces en main.

Enfin, les badauds, les amateurs de tout ce qui est anormal ou difforme, lesquels veulent se payer ce phénomène ; comme ils vont voir, à la foire de Neuilly, un veau à deux têtes, ou un mouton à cinq pattes. — Telle est l'immense majorité de ses lecteurs, et il n'y en a pas plus d'un dixième qui soit, vraiment, « de la vache à Zola ».

* * *

Ajoutons, maintenant, pour conclure, que l'espèce de vogue, malsaine, dont jouit M. Zola est la preuve la plus accablante de la dépravation du goût, en l'an de grâce 1887. Vogue bien fragile, du reste, et qui ne sera qu'éphémère. Qu'il vive donc le plus longtemps possible, en ce bas monde ; car une fois mort, il n'aura *jamais* existé.

Maintenant, passons au cadavre.

L'Assommoir, *Une Page d'amour*, *Nana*, *L'Œuvre*, *La Conquête de Plassans*, *La Curée*, *Germinal*, *Renée*, *Au bonheur des dames*.

Nous avons conféré à la Description le rang qui lui appartient, en lui assignant le dernier. Mais encore, pour mériter ce rang ultra-modeste, faut-il qu'elle soit à son plan, à sa place et qu'elle ait sa raison d'être ; sinon, ce n'est plus au dernier rang qu'il faut la classer ; elle n'a plus de rang du tout. Elle devient une faute de composition littéraire ; elle devient une tache, une verrue.

* * *

Or, à quoi rime, dans *l'Assommoir*, cette ignoble description du linge sale, si complaisamment savourée par l'auteur. Il le palpe, il le flaire, il le dévore des yeux ; pour un rien, il en mangerait.

Qu'est-ce donc que Gervaise ? Une nature des plus vulgaires, d'abord, que la saleté de son linge n'est pas faite pour effaroucher.

Puis, blanchisseuse dans un bas quartier, elle savait fort bien, en ouvrant boutique, à quel genre de chemises et de chaussettes elle devait être exposée ; et sa seule ambition est, assurément, d'en avoir le plus possible à... récurer.

Cette description, si nauséabonde et si intempestive, est donc, en même temps qu'une faute de goût, une faute grossière de composition.

* * *

Mais est-ce à dire qu'un romancier, qui connaîtrait son art, ne pourrait pas, — sans y apporter, bien entendu, le cynisme de M. Zola — faire un inventaire de ce genre et lui donner même une valeur réelle, en le mettant en situation, c'est-à-dire en en faisant une opposition, un contraste ?

Ainsi, supposez que, pendant le siège, une femme du monde, riche et mère d'un jeune enfant, se soit trouvée, un jour, en pays étranger, réduite à la misère, à la faim.

1.

C'est un cas parfaitement vraisemblable et qui, d'ailleurs, s'est présenté. Il faut qu'elle vive, ne fût-ce que pour le cher petit être qui pleure, en demandant du pain. Mais comment? Mais que faire? Elle, qui n'a même jamais tenu une aiguille?

Elle se fait blanchisseuse.

— Oh! parfaite, alors, cette description d'un linge sordide, « contrastant » avec cette blanchisseuse déclassée ; avec ses instincts, ses habitudes ; avec un passé tellement en opposition avec l'horrible présent. Alors, ce pénible tableau aurait, au moins, un motif, une excuse, au lieu d'être la débauche, purement gratuite, d'un cerveau malade et malsain.

Mais décrire pour décrire ; décrire, sous soi, à tort et à travers, sans motif et sans discernement, cela fait rêver à un sourd, qui se jouerait du violon à lui-même ; à un aveugle qui mettrait des lunettes.

*
* *

Quoique tout à fait inutile, j'accepte la description de la forge, dans *l'Assommoir*. C'est, au moins, cette fois, de la bonne... photographie. Et comme on ne saurait demander à M. Zola d'être un peintre, un *artiste*, on doit lui savoir d'autant plus gré de faire preuve de goût, dans ce genre modeste, que ce n'est pas dans ses habitudes.

*
* *

Mais la décomposition du cadavre de la mère *Coupeau*, ses émanations nauséabondes, ses borborigmes, ses gargouillements intestinaux, ses ignobles ruissellements ; et quand on demande d'où vient ce bruit, Lantier et la Lorilleux répondant, à deux reprises : « *Elle se vide* !... » ça, ce n'est pas seulement le fait d'un cynique en délire, c'est le fait d'un pensionnaire de Sainte-Périne, section des... fatigués. Car, outre sa malpropreté, cette scène tombe là comme un aérolithe ; et, après avoir prouvé que son auteur n'a pas la moindre notion de la décence la plus vulgaire, elle prouve en outre qu'il ne sait pas le premier mot du métier.

*
* *

Ce qui, sans doute, a causé son erreur, c'est que Walter Scott et Balzac aussi ont décrit, et parfois longuement ; oui, comme lui ont décrit ; mais ils n'ont pas décrit « comme lui ».

Ces descriptions sont des cadres qui, plus tard, vont éclairer le tableau et lui donner tout son éclat et tout son relief.

Ainsi, dans la *Recherche de l'absolu*, la minutieuse description de la maison Van Claës, avec ses vieux meubles artistiques, ses tableaux des grands maîtres, transmis par les aïeux, augmentés

par les fils, non seulement ce long inventaire n'est
pas une superfétation, mais il va faire partie inté-
grante de l'action et en doubler l'intérêt, lorsqu'on verra tous ces trésors, toutes ces saintes
reliques s'engouffrer un à un dans le creuset du
terrible alchimiste.

* * *

On trouve aussi, dans ce même *Assommoir*, des
centaines, des milliers d'expressions que M. Zola
peut imprimer; mais qu'un écrivain, qui a le respect
des autres et de soi-même, ne saurait reproduire,
même à l'état de citation.

* * *

Une simple question, à ce sujet. Je voudrais
bien savoir ce que dirait l'auteur de *Pot-Bouille*,
le jour où, par impossible, quelqu'un emploierait,
devant Mme Zola, une seule des expressions qu'il
jette, chaque jour, par poignées, à la face de ses
lectrices (? ? ?).

— « Pourtant, nous dira-t-il, ces peintures, ces
gros mots, qu'on nous reproche, dans certains de
nos ouvrages, « tout cela est vrai; absolument
vrai ! »

La belle raison ! Mais... naturaliste que vous
êtes, tout est vrai, tout ! La boue, la fange, les
égouts.

Et, puisqu'il faut parler votre langue, quitte

à se rincer la bouche après, l'humeur, le pus, le fromage de Marolles, et ces immondices qui roulent carrosse, à partir de minuit, tout cela est incontestable, indiscutable.

Et puis, après ? — Est-ce une raison pour en offenser la vue, pour en offusquer l'odorat ? Les carrosses en question, on les dérobe de son mieux ; on ne les hasarde dans la cité qu'aux heures nocturnes. Pourquoi nous les montrer ? Faut-il donc vous signaler M. Domange comme un professeur de maintien ?

Nous vous l'avons déjà dit : « L'art est le *choix* dans la vérité ; et c'est en cela même qu'il consiste ! »

Donc, ceux qui procèdent à l'encontre, non seulement ne sont pas des artistes, des peintres ; non seulement ne sont pas des photographes dignes de ce nom ; ce ne sont que des photographes de la dernière catégorie, sans goût, sans tact, sans intelligence ; bref, quelque chose d'innommable et d'innommé : moins que rien.

* *
*

Après avoir démontré que M. Zola ne sait même pas jouer de la *Description*, l'une des deux seules cordes de son petit violon, nous allons racler un peu de la seconde : *l'Observation*, le Document humain ; et il nous sera facile de prouver qu'il ne pince pas mieux de cette seconde corde que de la première.

*
* *

Laissant de côté la vue de Paris, prise du Trocadéro, avec laquelle l'auteur nous a si longuement bercés dans sa *Page d'amour*, et dont il nous paraît inutile de bâiller ici, après tout le monde, nous nous arrêterons un instant à cette *Page* immaculée.

*
* *

Sous prétexte de nous peindre au vif l'affollement d'une mère, dont l'enfant vient de tomber malade, subitement, il commence par nous décrire minutieusement « les clartés tantôt blanches, tantôt bleues de la lampe, et les taches rondes qu'elle envoie au plafond ». Or, il n'était peut-être pas indispensable de nous dire que le verre d'une lampe, qui est rond, projette des taches « rondes », puisqu'il lui serait impossible d'en projeter de carrées.

Puis, au lieu d'envoyer tout de suite chercher un médecin, comme on fait en pareil cas, la mère se demandait « où. l'enfant avait mal ? Et si elle ne *désirait* pas un peu de la potion de l'autre jour ?... » (Textuel, bien entendu.)

Et, toujours au lieu d'aller au plus pressé, elle continuait, nous dit l'auteur, « de causer *à* sa fille... » pour « *avec sa fille...* » (De même qu'il a le tort de dire plus loin : « Tout *d'un* coup, » au

lieu de « Tout *à* coup. » Encore un.. *solécisme*,
car la grammaire n'est pas comprise non plus dans
le Documentisme.)

« La mère, ensuite, *résistait* au besoin de crier, »
nous dit-il. — Pourquoi cette résistance ? C'est
absolument faux. En pareil cas, elle crie, la mère!

Enfin, elle va chercher le docteur. Mais, comme
il était absent, au lieu de demander à la bonne
l'adresse d'un autre médecin, elle va sonner à une
porte quelconque, pour demander cette adresse,
et il se trouve justement — Pends-toi, Riche-
bourg ! — il se trouve que cette maison est celle
de son propriétaire, qui est justement médecin ;
chose à laquelle, paraît-il, il lui eût été impossible
de songer plus tôt.

Et si l'on note que nous n'en sommes encore
qu'à la page 5, on comprendra que, pour critiquer
le Document humain, in extenso, il faudrait être
un Chevreul et s'être attelé à cette triste besogne,
en sortant des bras de sa nourrice.

*   *
*

Nous avons dit que, quand il ne ramasse pas sa
langue dans le ruisseau, il est plus précieux et plus
ampoulé, à lui tout seul, que tous les échappés de
l'hôtel de Rambouillet. Et nous allons en fournir
la preuve.

Il nous dit, dans cette *Page d'amour*, à laquelle
nous sommes bien forcés de revenir, à un autre
point de vue : « La mère aurait baisé la main du

médecin ; une *douceur* coulait en elle... ses larmes tombaient sur la *nudité innocente* de l'enfant... » Qu'est-ce que viennent faire là cette « nudité » et cette « innocence » ? Et qu'est-ce que ça me fait ? Il écrit, comme il décrit, sans savoir.

Puis, plus loin, il décrit comme il écrit. L'enfant vient de prendre sa potion. « La lampe » brûlait très haut, avec sa flamme blanche. » Qu'est-ce que ça me fait ? Des vêtements etaient épars... un corset gisait par terre... « C'était toute l'intimité d'une femme, violemment étalée... » mais qu'est-ce que ça me f... fait ? Pour un rien j'allais parler comme lui.

Puis « la lampe (la fameuse lampe) éclaira la malade d'une lumière *blonde* ». Mais c'est donc tout un arc-en-ciel que cette lampe... de Damoclès, qui n'éclaire jamais que des niaiseries.

Enfin, quand l'enfant fut endormie, le monsieur qui nous fait voir ces machines-là nous affirme, sérieusement, « qu'une somnolence, recueillie et comme soulagée, avait repris *les tentures, les meubles, les vêtements épars* ». Ah ! ça, il veut donc qu'on aille lui chercher le docteur Blanche ?

Et il nous apprend, à la fin de la scène, que « la lampe allumée, — l'éternelle lampe, — pâlissait dans le grand jour ; » comme il arrive naturellement à toute lampe qui n'a pas la prétention de lutter avec le soleil.

Nous n'en sommes qu'à la fin du 1er chapitre, page 14. Et vous voyez que mon gaillard n'a pas perdu son temps. Qu'est-ce que ce sera donc plus tard ? On ose, à peine, se le demander. On rêve douches, menottes. On rêve... qu'on rêve !

Je pourrais relever des milliers de joyeusetés du même genre, dans cette *Page d'amour* (et partout ailleurs, du reste) mais je suppose que le lecteur est suffisamment édifié par le premier chapitre.

* * *

Passons, pourtant, à Mlle *Nana*, pour l'acquit de notre conscience.

M. Zola avait sans doute entendu dire qu'à Paris, comme à Athènes, certaines courtisanes avaient été la glu, la pieuvre d'une époque. Mais le malheureux avait oublié que, si elles avaient pu être des vampires, c'est qu'elles étaient d'abord des charmeuses, des sirènes qui, à la beauté, joignaient le prestige, la grâce, l'élégance et l'esprit ; et qu'après la bagatelle, il y avait de la conversation, comme dit Boireau. Il avait oublié que ces torpilleuses s'appelaient Aspasie, Sophie Arnould, Marion, Ninon, La Guimont, Marguerite Gautier, Et, ignorant de ces vérités si connues et qui, d'ailleurs, s'imposent d'elles-mêmes, quelle cavale a-t-il attelée au char de la galanterie ? Mlle *Nana*, la fille à Gervaise et à Coupeau ; une espèce d'oie qui, au dire de l'auteur lui-même, fait son entrée en scène, les bras ballants et en se balançant sur ses palmes. Et, ajoute-il, si elle venait à manquer de mémoire, elle faisait haaa !... avec un gros rire hébété. Et, pendant ce temps, tous les cous

étaient tendus, toutes les lorgnettes braquées,
toutes les poitrines haletantes; chez les plus vieux,
comme chez les plus jeunes, c'étaient des moiteurs
à la nuque, et des frissons, et des frémissements
de tout leur être!

Comment, ce serait cette espèce de dinde qui les
aurait fascinés à ce point? C'est cette sauveuse
du Capitole qui aurait courbé tout Paris à ses
pieds?

Mais une Nana de ce modèle peut être, tout au
plus, une des princesses de Bullier, ou une des
reines de la *Maison Tellier*. (Un chef-d'œuvre,
soit dit en passant; et qui prouve que, quand on
a vraiment du talent, on peut et tout faire et tout
dire.)

Donc, fausse comme un jeton, cette *Nana!*
(étant donnée la fascination que l'auteur lui prête);
fausse, ridicule, grotesque, impossible.

Fausse comme cette prétendue peinture des cou-
lisses des Variétés, qui a causé une si douce gaîté
à tous les habitués de l'endroit.

* *

A *L'Œuvre*, maintenant. Il est deux heures du
matin; il pleut, il tonne; Claude court le long du
quai. « Mais, au pont Louis-Philippe, *une colère
de son essoufflement l'arrêta.* »

Nous n'en sommes qu'à la sixième ligne et voilà
déjà le pathos qui commence.

Il rencontre Christine effrayée, effarée. « Mais,

ce qui la *suffoquait*, surtout, c'était... l'encaisse-
ment de la rivière. »

— Le fait est que c'est horrible à penser! « C'était
la fosse profonde où la Seine coulait en cet endroit, noirâtre, des *lourdes* piles du pont Marie aux
arches *légères* du nouveau pont Louis-Philippe.

— Je ne saurais dire avec quel intérêt j'ai appris, là, que les piles du pont Marie étaient « lourdes » et que, en revanche, les arches du pont
Louis-Philippe étaient « légères ». — Surtout
quand je pense que c'est le contraire qui aurait pu
arriver!

Puis, elle *suffoque* souvent, et bien facilement,
cette demoiselle Christine, car, quelques pages
plus loin: « Claude l'entendait se retourner,
comme lui, dans son lit, avec d'infinies précautions,
qui la suffoquaient. » C'est encore plus horrible !

Après avoir avalé des descriptions de la Seine,
des quais, de n'importe quoi, ab hoc et ab hac,
nous voyons Christine endormie, à demi nue,
« baignée de lumière, et si inconsciente que *pas
une onde ne passait sur sa nudité pure* ».

Nous savourons, comme il convient, cette pastille du Sérail, et nous voyons alors Claude pei-
gnant la gorge de Christine, toujours endormie.

Claude, oubliant la femme et, peintre avant
tout, ne voyant que la ligne, le modèle. Il eût pu
s'épargner cette peine, que Dumas avait prise avant
lui, dans l'*affaire Clémenceau*, et d'une façon bien
autrement magistrale. Mais voilà que Christine se
réveille :

« Dans un élan éperdu, elle ramena la couverture, elle l'écrasa de ses deux mains sur sa gorge, le sang fouetté d'une telle angoisse pudique que la rougeur ardente de ses joues coula *jusqu'à la pointe de ses seins en un flot rose.* »

Comment, le Grand Romancier a pu voir que cette « rougeur ardente coula jusqu'à la pointe de ses seins ?... »

Il a pu voir cela, de ses yeux, « sous la couverture, qu'elle avait ramenée sur sa gorge ?... » C'est admirable !

« Puis Christine ne bougea plus, *pelotonnée, repliée* sur elle-même, *bossuant* à peine le lit. »

— Et d'abord, grand écrivain, c'est le verbe *bosseler* qu'il fallait employer là. Puis, vous ignorez donc aussi, vous qui pourtant ignorez déjà tant de choses, que plus on est pelotonné, replié dans un lit, plus le corps est en saillie ?

Enfin, quand Christine eut fini sa toilette, « son visage rosé ne gardait même pas l'humidité de l'eau... » Et pourquoi donc cela ?... Je ne saurais dire, du reste, combien j'ai été ravi de cette découverte... car je l'avoue, j'avais craint, un instant, que ce charmant visage ne gardât l'humidité de l'eau, comme tous les visages; et l'on peut juger du soulagement que j'ai éprouvé, quand j'ai été délivré de cette angoisse.

Toutes ces fariboles, tout ce galimatias étaient loin d'être encourageants, sans doute. Pourtant, faisant appel à tout notre courage, oui, nous aurions affronté le second chapitre.

Mais, dans celui que nous venons de dépouiller, M. Zola, habituellement si technique et si précis en pareille matière, a commis une de ces omissions, une de ces désertions qu'il est impossible de pardonner à un naturaliste... tel que lui.

Christine est restée chez Claude de deux heures de la nuit à onze heures du matin, c'est-à-dire pendant neuf heures. Et je l'ai bien vue se déshabiller, se coucher, se remuer, suffoquer, à satiété ; je l'ai vue aussi s'endormir, se découvrir, se recouvrir, se lever, se laver, se r'habiller ; j'ai bien vu tout cela ; mais...

Mais, si éthérée qu'elle puisse être, Christine n'a pas pu se soustraire à certains petits besoins, inhérents à la nature humaine.

Comme tout le monde, elle mange, elle boit, Christine ; et, la veille, elle avait mangé ; elle avait bu. Elle — a — vait — bu.

Or, du moment que M. Zola s'est dérobé, du moment qu'il a manqué à tous ses devoirs de documentiste ; du moment qu'il a brisé... son vase ; brisé pour brisé, je préfère celui de Sully-Prud'homme, et j'abandonne M. Zola à sa honte et à ses remords.

*
* *

Quant à *La Conquête de Plassans*, l'auteur y étale, d'abord, tous les trésors de sa palette ; l'arc-en-ciel n'est rien à côté.

Il nous montre, avec amour :

« La haute figure *noire* du prêtre faisant une tache de deuil sur la gaîté du mur *blanchi* à la chaux. « Puis: » Dans la poussière *jaune* du soleil sa soutane râpée qui semblait toute *rouge*. Des reprises en brodaient les bords ; elle était très propre, mais si mince, si lamentable que Marthe, restée assise jusque-là, se leva à son tour !... »

Voyez-vous Marthe qui se lève, tout à coup, *parce que* la soutane de l'abbé était mince et lamentable !... Çà, c'est du Documentisme, retour des Limbes !

Revenons à la palette.

Un peu plus loin, « le visage de l'abbé se plaque de taches *sombres* ». Puis le soleil s'étant couché, « le prêtre, entrant dans l'ombre, ne fut plus qu'un profil *noir* sur la cendre *grise* du crépuscule ».

Il passa ensuite devant la porte de la salle à manger, « toute *blanche* de la clarté vive de la lampe ».

Enfin, il sembla à Marthe « qu'au fond de l'œil de l'abbé, d'un *gris morne*, d'ordinaire, une flamme passât brusquement, comme les lampes qu'on promène derrière les façades endormies des maisons ».

Ithos et pathos, patchouli et caléidoscope.

Cette prétendue *conquête* est, d'ailleurs, un des tours de passe-passe des plus ébahissants que je connaisse.

Dans cette interminable « mystification », où

l'abbé est censé avoir conquis Plassans au dénoue-
ment, il se trouve qu'en réalité il a conquis, en
tout et pour tout, son hôtesse, une espèce de momie, et que celle qui a fait cette conquête, dont je
me soucie d'ailleurs comme d'un navet, c'est la
vieille Mme Rougon.

Du reste, j'ai probablement tort d'avoir traité
M. Zola de mystificateur en cette occurence. Il
est plus probable, en effet, qu'au lieu de nous
avoir jeté de la poudre aux yeux, il s'est tout simplement fourré le doigt dans l'œil à lui-même ; et
qu'il s'est positivement imaginé que son héros
avait gagné toutes les batailles, qu'il n'avait même
pas livrées.

* * *

Ah ! c'est qu'il n'a pas la tête bien solide,
ce pauvre M. Zola ; c'est que la logique, l'enchaînement des faits et des idées, la tenue des caractères, tout cela ne lui est pas très familier ; c'est
que, si étroit que puisse être son petit sentier, il
manque bien rarement d'y patauger.

Ainsi, dans *la Curée*, ayant besoin, pour réveiller
ses lecteurs, de donner un coup de tam-tam et de
pimenter un peu son ragoût... tout à coup, oubliant qu'il m'a dépeint son jeune homme comme
un anémique, un efflanqué, un vanné, n'ayant plus
que le souffle, — tout à coup, le voilà qu'il nous le
fait apparaître dans la serre, comme un Casanova,
comme un carme ; comme un tigre se livrant dans

sa jungle à vingt assauts, toujours couronnés de
myrtes.

Il avait oublié que son lapin était vidé !

*
* *

De même que, dans *Germinal*, oubliant que
Jeanlin a eu les deux jambes broyées dans un
éboulement, et que ces quilles — c'est l'auteur qui
le dit lui-même — ont été fort mal « recollées »... il
nous le fait, un soir, descendre à deux cents pieds
sous terre, par l'échelle de fer, « avec l'agilité d'un
écureuil ! »

Le pauvre homme avait encore oublié que Jeanlin marchera toute sa vie avec des béquilles.

Il n'en fait pas d'autres. Et vous l'allez bien
voir.

*
* *

Dans ce même *Germinal*, sept ou huit mille
personnes se sont mises en grève, le lendemain
de la paye. Lorsque cet argent est épuisé, on
mange en vingt-quatre heures, — et on n'a pas dû
se donner d'indigestion — les 3,000 francs qu'on
avait en caisse ; puis, on dévore en une journée,
c'est encore l'auteur qui le constate, les 4,000 francs
de l'Internationale.

M. Zola tire alors quelques bordées de droite et
de gauche ; il va battre les buissons, les champs —
et même la campagne ; puis, à son retour, « cinq
semaines » après, jugez un peu de mon étonnement

en revoyant mes grévistes, toujours en grève et toujours sur pied. Il ne savait donc pas que depuis un mois tous ces malheureux devaient être morts et enterrés ?

Mais non ; il ne sait pas ; il ne sait jamais.

*   *
  *

Nous avons vu *Renée*, le premier acte seulement, bien entendu ; car, avec M. Zola, on voit tout de suite à qui et à quoi l'on a affaire.

Cette pauvre *Renée* a été violentée par un goujat. Et quand son père lui dit : Vous vous êtes donnée comme « une fille » ; au lieu de lui répondre tout naturellement : « non seulement, je ne suis pas une fille, mais je ne suis même pas une « coupable » ; je suis une « victime... » elle courbe la tête sous l'outrage ; et elle accepte, gaillardement, la main et le nom d'un misérable.

— Que reste-t-il à faire à un spectateur sérieux, après une exposition aussi fantastique ?

A prendre sa canne et son chapeau, et à s'en aller au café-concert, en se disant : « Là, au moins, je n'entendrai que des bêtises voulues ; » et c'est ce que nous avons fait ; n'usant par là que du droit de légitime défense.

*   *
  *

En moyenne, comme nous l'avons déjà dit, on est suffisamment édifié sur les romans de M. Zola à la fin du premier chapitre. Pour *Le Bonheur des Dames* les premières pages seules suffiront à l'édification.

Après avoir vu les vitrines dans le jour, nous es revoyons le soir aux lumières.

« Du monde les regardait ; des femmes arrêtées s'écrasaient devant les glaces, toute une foule brutale de convoitise. Et (attention, je vous prie) et les étoffes vivaient dans cette passion du trottoir ; les dentelles, avec un frisson, retombaient et cachaient les profondeurs du magasin d'un air troublant de mystère ; les pièces de drap elles-mêmes, épaisses et carrées, respiraient, soufflaient une haleine tentatrice ; tandis que les paletots se cambraient davantage sur les mannequins qui prenaient une âme, et que le grand manteau de velours se gonflait, souple et *tiède*, comme sur des épaules de chair, avec les battements de la gorge et le frémissement des reins... (! ! !) (page 18).

Nous nous arrêtons là, ce cas, purement pathologique, ne relevant plus de la critique, mais de la faculté de médecine.

Du reste, le rôle de la critique est par trop facile, en pareille occurence ; puisque, pour faire de l'auteur un objet de risée universelle, il suffit, tout simplement, de le citer, sans commentaire.

Prenez n'importe quoi, du même auteur, vous retrouverez partout, avec le même parti pris de cynisme ou d'affèterie, le même décousu, la même incohérence, le même dévergondage, le même affollement. En un mot, il ne sait que bien rarement ce qu'il dit ; il barbote, il patauge, il se noie sans cesse ; non dans un fleuve, non dans un étang, non pas même dans un bassin ; il se noie dans une cuvette; sa cuvette, c'est-à-dire la plus petite et la moins propre, qu'il soit possible de rêver.

Et c'est ce monsieur qui a la prétention de suivre une série de personnages et d'en soutenir les caractères, pendant vingt volumes, quand il n'en a même plus conscience, au bout de trois chapitres.

*
* *

Si M. Zola était un Nemrod littéraire, nous n'aurions jamais songé à le chicaner sur des détails, ni même sur des fautes d'observation et de vérité, si nombreuses qu'elles soient... Nous nous serions dit : Il a bien d'autres lièvres à courir !

Mais comme ce modeste chasseur n'a la prétention que d'en courir deux, — et des plus maigres : « la description et l'observation, terre à terre » il faut bien le serrer d'un peu près sur un terrain aussi limité.

Quand on conduit, à grandes guides, un roman en huit étapes, à travers les événements et les angoisses, les revirements et les péripéties ; quand on embouche un clairon comme celui des Dumas et des Eugène Süe, il est permis de perdre un instant sa route ; il est permis de faire un couac, par hasard. Mais c'est absolument défendu, quand on ne conduit qu'une carriole, en pleine Beauce, et toujour tout droit ; quand, loin d'emboucher la trompette, on ne souffle que dans un mirliton ; quand enfin, lorsqu'on aurait tant de raisons pour être indulgent aux autres, on est, de tous les bêcheurs, le plus rogue et le plus dédaigneux.

M. Zola, « dédaigneux » ! ! ! Et osant parler de ses maîtres comme on oserait à peine parler de lui-même... ça, c'est le comble .. du Documentisme !

* * *

P.-S. Nous venons de noircir beaucoup de papier pour démontrer l'incomparable nullité de M. Zola Nous nous sommes donné une peine bien inutile, car une seule citation, détachée du *Ventre de Paris*, aurait suffi largement, à elle toute seule, à cette démonstration.

En allant à la halle, Mme François aperçoit le corps d'un homme étendu tout de son long sur la route.

« Elle pensa, d'abord, qu'il devait être ivre... mais elle pensa ensuite, quand elle l'eut mieux regardé, qu'il était *trop maigre... pour avoir bu ! ! !* »

Il est bien clair, n'est-ce pas ? que l'homme qui a pu émettre une pareille insanité n'est pas en possession de ses facultés mentales ; qu'il écrit à la diable, va comme je te pousse ; et que, s'il peut avoir un éclair de lucidité, par hasard, il lui es matériellement impossible de composer un ouvrage qui se tienne et dont l'ensemble ait le sens commun.

Maintenant que le cadavre est disséqué, que le paon est plumé, passons à des exercices moins navrants.

ABDIQUER. — L'opération par laquelle un homme, qui connaît ses semblables, devrait toujours commencer, quand on lui offre cette couronne d'épines, qu'on appelle simplement une couronne, par abréviation.

ABEILLE. — A la bonne heure, celle-là ! Pas un défaut; rien que des qualités. C'est dire assez que ce n'est qu'un simple animal !

ABERRATION. — Etat normal de l'esprit humain, dans tous les temps, dans tous les pays, et qui continue à jouir d'une parfaite santé.

ABÊTIR QUELQU'UN. — Ce n'est pas toujours facile; et c'est même souvent une impossibilité matérielle.

ABJECT, VIL, MÉPRISABLE. — Epithètes que nous prodiguons aux autres, et qui ne prouvent,

2.

le plus souvent, que notre ignorance de nous-
mêmes.

ABOIEMENT. — Un supplice, dont il nous serait
si facile de nous délivrer, en en supprimant la
cause ; c'est-à-dire MM. les chiens, qui sont en train
de devenir les rois de la création.

Vrai, les chiens ont beaucoup trop d'hommes, à
l'heure qu'il est.

ABORDABLE. — Ne s'applique, généralement,
qu'aux personnes qu'on n'a pas besoin « d'aborder ». Pour les autres, pour les ministres, par
exemple, il faut se servir des mots : invisibles, in-
trouvables, etc.

ABRÉGER. — Quand un avocat vous dit : « J'a-
brège », c'est la preuve qu'il sent lui-même qu'il a
été long... et qu'il va l'être encore plus.

ABREUVER. — Signifie, au propre, « faire boire ».
Mais il n'y a guère lieu de l'employer qu'au figuré,
suivi des mots « d'injures, d'outrages, d'amer-
tume, etc. ». Et à quoi cela sert-il, je vous le demande !

ABSENTS. — « Les absents ont tort », dit le proverbe. Excepté quand ils ne reviennent jamais.
N'est-il pas vrai, messieurs les neveux et mesde-
moiselles les nièces ?

ABSINTHE. — Amère au palais ; la mort en bouteille ; et très demandée, par conséquent.

ABSOLU. — Un czar, un sultan... un radical.

ABSORPTION. — Une politesse que le tabac rend au fumeur.

ABSOUDRE, ACQUITTER. — Une petite farce que MM. les jurés font quelquefois à M. Grévy.

ABSTINENT. — Le monsieur qui a une gastrite.

ABUS. — La façon dont nous nous servons des choses; surtout quand elles nous sont défendues par Esculape.

ACARIÂTRE, ACERBE. — Un moyen de se faire haïr des autres, sans aucun profit pour soi-même.

ACCÈS. — On a des *accès* de tendresse, de générosité. On n'a pas d'accès d'orgueil, d'égoïsme. Ça, c'est l'état normal.

ACCOMMODANT. — Se dit d'une personne qui subit toutes nos volontés, tous nos caprices.

ACCOUPLER. — Ça produit un « couple »... qui fait rarement la « paire ».

ACCOUTREMENT. — Manière de désigner la façon dont s'habillent... les autres.

ACCROIRE (s'en faire). — C'est bien naturel ; et c'est bien heureux. Si l'on se voyait tel qu'on est. on serait forcé de se conduire soi-même à Charenton.

ACCUSER. — Façon très répandue (surtout chez la femme) de se défendre, quand on a tort.

ACHETER. — Se dit d'un meuble, d'un immeuble ; et aussi de la conscience et de l'amour.

ACIER. — Fer... civilisé.

ACOLYTES. — Une bande... d'amis.

ACROBATES. — Il en est — aussi — qui dansent sur la corde.

ACTEUR. — Qu'il ait de l'amour-propre, quand il a du talent, soit. Mais pourquoi de l'envie, et à quoi bon ?

ACTIONNAIRES. — Je me suis souvent demandé si ce sont eux qui ont précédé Robert Macaire, ou si c'est lui qui les a inventés.

ADDITION. — Petite opération d'arithmétique où Mlle Joséphine ne se trompe jamais... à son détriment.

ADJUGER. — Le commissaire-priseur va adjuger, à cinq cent mille francs, un tableau qu'on croit de Raphaël. Un juge, réputé compétent, affirme qu'il est apocryphe. Le tableau tombe à cinq cents francs. Le propriétaire de la toile fournit la preuve de son authenticité ; elle remonte à cinq cent mille francs, si ce n'est plus.

D'où il résulte qu'un tableau n'a aucune valeur,

par lui-même. C'est bien triste à dire pour MM. les collectionneurs.

ADOLESCENT. — Se méfier : il tourne à l'homme.

AD PATRES. — Une contrée où les neveux ne cessent d'expédier leurs oncles par la pensée, en revenant du cercle.

ADULATION. — Si exhorbitante qu'elle puisse être, elle n'arrivera jamais au niveau de notre infatuation.

ADULTÈRE. — Tout concourt à nous y pousser : la curiosité, la perfidie, l'amour du fruit défendu etc. Par conséquent, quoi de plus humain?

AFFAIRES. — Pensées d'un négociant : « Les affaires ne sont vraiment fatigantes... que quand on n'en fait pas. »

AFFECTION. — On en éprouve aussi, parfois, pour les autres.

AFFECTIONNÉ. — Ce que j'ai reçu de lettres finissant par : « Votre Affectionné » ; et qui m'étaient adressées par des gens que je « n'affectionnais » pas du tout. « Affectueux » serait, sinon plus vrai, du moins plus modeste.

AFFIRMER. — Verbe très actif, dont l'emploi est plus commode que celui des verbes : prouver, démontrer, convaincre.

AFFRONT. — Un des plus grands affronts que l'on puisse faire à beaucoup de femmes, c'est de les respecter.

ÂGE. — Pourquoi le cacher, chère madame? Si vous paraissez plus que votre âge, vous avez intérêt à l'afficher. Si vous paraissez moins, vous devez vous en glorifier.

AGITATEUR, DÉMAGOGUE. — Ce ne sont pas ceux-là qu'il faut blâmer ; ce sont les idiots qui se laissent « *agiter* » ; les gogos qui leur tirent les marrons du feu.

AIDER. — Un franc égoïste qui, au moins, était un égoïste franc, a pris pour devise : « Aidez-*moi* les uns les autres ! »

AGRÉABLE. — C'est, avant tout, le mal qu'on dit des autres. Le bien qu'on dit de nous ne vient qu'après.

AIGLE, LION. — « C'est un aigle ! C'est un lion ! » dit-on, pour désigner un homme supérieur, un vaillant.

D'où il semblerait résulter que le plus grand honneur que l'on puisse faire à un homme, c'est de le comparer à un animal. Ce serait presque mon avis.

AIGUILLE. — Douce raccommodeuse! quand on pense que la « civilisation » a pu t'accoler à un fusil !

AIGUILLON. — Tout ce qu'on nous défend.

AIMER. — C'est souvent quand une femme aime pour la seconde fois, qu'elle s'aperçoit seulement qu'elle n'a pas aimé la première.

AÎNESSE. — Croyez-le bien, ce que les cadets déploraient jadis, ce n'était pas « le droit d'aînesse »; c'était seulement de ne pas être les aînés.

ALBUM. — Mirliton relié.

ALCÔVE. — L'atelier de ces demoiselles.

ALGÈBRE, LOGARITHMES, TRIGONOMÉTRIE. — Il y a un moyen bien simple pour trouver tout cela éblouissant de clarté et palpitant d'intérêt : c'est de le comparer... au Documentisme.

ALIÉNATION MENTALE. — Nous demandions, un jour, à un médecin, à quoi l'on pouvait reconnaître la folie, proprement dite.

— A ceci, nous dit-il : c'est que les fous qualifiés n'ont qu'une folie ; tandis que les gens réputés raisonnables... les ont toutes !

ALPHABET. — On devrait en changer les lettres, par ce seul fait qu'elles ont servi à écrire : *Nana, Pot-Bouille et la fille Elisa.*

ALLUMER. — « Allumer du feu... » comme dit M. Tout le monde. Pourquoi ne pas dire aussi : inonder de l'eau ?

ALLUMETTES DE LA RÉGIE. — Employées en grande quantité, il y a tout lieu de croire qu'elles pourraient, au moins, servir à éteindre les incendies.

ALTERCATION. — Façon de converser entre maris et femmes : entre gendres et belles-mères.

AMBITION. — « Quel dommage, pour les ambitieux, qu'ils soient ambitieux ! disait Calino. Car, s'ils ne l'étaient pas, il leur serait bien plus facile d'assouvir leur ambition ! »

AMI. — Un directeur de théâtre disait, un jour, à un auteur : Comment, vous ne voulez pas me faire une pièce pour l'été, vous qui êtes mon ami ?

— Et vous, qui vous dites mon ami, lui répondit l'auteur, vous voudriez me jouer en été !

Donc...

AMITIÉ (l'). — C'est le dévouement... des autres

AMOUR. — Une passion. Et, par conséquent, une maladie, une folie.

La grammaire française interprétée par Aspasie : « Amour est masculin au singulier et féminin au pluriel... » D'où il résulte, évidemment, que les femmes, seules, ont le droit d'aimer plusieurs fois.

AMOUR-PROPRE. — Il ne faut pas le juger d'une façon absolue ; il n'est que relatif. On ne doit le mesurer qu'à sa raison d'être.

Le plus colossal n'est donc pas, si grand qu'il

soit, celui des gens de mérite ; mais celui des ignorants et des sots, si petit qu'il paraisse.

AMPHIGOURI. — Harangue, plaidoirie, discours... Enfin, tout ce qui se débite en public.

AMPHITRYON. — Un fastueux, qui gave des
richards de truffes et de foies gras ; et qui, souvent,
ne donnerait pas un morceau de pain à un pauvre.

AMUSANT. — C'est, avant tout, ce qui peut em-
bêter les autres.

ANALOGUE. — Se dit, généralement, d'une chose
qui n'a aucun rapport avec une autre.

ANALYSE. — Un travail qu'il est bon de n'appliquer qu'à son prochain, si l'on tient à la vénération de soi-même.

ANARCHISTE. — Nous voyons dans le dictionnaire : « *Anarchie*. Etat d'un peuple qui n'a plus ni
chef, ni autorité à laquelle on obéisse ; ni lois auxquelles on soit soumis. » C'est le chaos, par conséquent. Va pour le chaos. Mais comment fera-t-on
pour y vivre ? Prenons le cas le plus simple et le
plus journalier. Je vais chez mon boulanger pour
acheter un pain (en admettant que je ne trouve
pas plus simple de m'en emparer, de vive force...)
Si le boulanger veut me faire payer ce pain quatre
sous ; et si, moi, je ne veux le payer que deux, pourquoi céderai-je au boulanger ou pourquoi le boulanger me cédera-t-il ? Etendez ce conflit à toute chose,

et savez-vous ce que vous aurez dès la fin de la première journée? Un dictateur, tout simplement.

Et dire que nous en sommes arrivés, que nous sommes tombés à être contraints de rappeler des vérités aussi naïves!... Ah! je crois que si le père Adam revenait sur la terre, il ne serait pas fier de ses enfants!

ANDROGYNE, HERMAPHRODITE. — « Monsieur et Madame, j'ai bien l'honneur de vous saluer! »

ÂNERIE. — Il est probable que les ânes disent : « Hommerie », pour rendre la même idée.

ANÉVRISME, HYPERTROPHIE. — Dilatation du cœur. Ne saurait, par conséquent, s'employer au figuré.

ANGE, DÉMON :

Ange. — La femme qu'on rêve.

Démon. — La femme qu'on a.

ANGÉLIQUE. — N'a guère lieu de s'employer que substantivement : un bâton d'angélique.

ANGLAIS. — L'orgueil poussé au point de devenir presque une qualité ; et, assurément, une puissance.

ANGOISSES. — Exemple : « Si mon oncle, si ma belle-mère allait guérir de sa pleurésie ! »

ANIMAUX. — Des modèles, que Dieu a vainement placés sous les yeux de ses enfants.

ANOMALIE. — Tout ce que nous faisons, à peu de chose près ; et, par conséquent, une règle, et et non une exception.

ANSE (du panier). — Ce n'est certainement pas pour elle que Sedaine a dit : « La *danse* n'est pas ce que j'aime ! »

ANTÉCÉDENTS. — Des restes qui ne tiennent pas à être exhumés.

ANTHROPOPHAGE. — Au moins, quand il fait la guerre, l'anthropophage a une excuse : « La gourmandise. »

ANTIPATHIE, AVERSION. — Mouvement instinctif auquel, en moyenne, on a bien raison d'obéir.

APATHIE. — La nourrice de Sa Majesté la Routine, reine de France et de Navarre !

APÉRITIFS. — L'impunité, le pardon, la clémence.

APOGÉE. — On a cru, longtemps, que la Folie humaine avait fini par l'atteindre. Il paraît que non.

APOSTILLE. — Une recommandation... souvent accompagnée d'un petit signe, voulant dire qu'il n'y a pas lieu d'en tenir compte.

APOTHICAIRES. — Moins connus par les souvenirs que par les *mémoires* qu'ils ont laissés.

APÔTRES, PRÉCURSEURS. — Un triste métier. N'est-ce pas, Galilée ? N'est-ce pas, Bailly, Vergniaud, Condorcet ?

- **APPARENCE (L') ET LES APPARENCES**. — Ayez l'une ; sauvez les autres ; et vous serez considéré.

APPÉTIT. — Le commencement de la « faim ».

APPOINTEMENTS. — Tu ne tiens nullement à les *gagner* ; tu ne tiens qu'à les *toucher* ; n'est-ce pas, citoyen ? — Oui, monsieur.

APPRENDRE. — J'ai dit, plusieurs fois, à de tous jeunes gens qui tranchaient et qui professaient sur toutes choses : « Pardon, mes petits agneaux ; mais si vous enseignez déjà, à quel âge comptez-vous apprendre ? »

APPRENTISSAGE. — Stage indispensable et bien naturel, que l'on fait pour être avoué, notaire, avocat, ferblantier, maçon, fumiste... mais que l'on dédaigne, dès qu'il ne s'agit que d'être romancier, critique, député... ou ministre.

APPRIVOISER. — Peut se dire des lions, des panthères. — Excepté de celles des Batignolles.

APPROFONDIR. — Ça s'écrit souvent ; mais ça ne se fait jamais.

A PROPOS. — Exclamation qui jaillit, presque toujours, à contresens.

APPROUVER QUELQU'UN. — Penser comme lui... quand il pense comme nous.

ARBALÈTE, ARC. — Des instruments « barbares » qui ne pouvaient tuer qu'un homme à la fois ; et qui seraient conspués dans une bataille « civilisée ».

ARBITRAIRE. — Voyez Louis XIV, Louis XV... Voyez Robespierre et Saint-Just.

ARBITRE (libre). — On nous dit que nous avons notre « libre arbitre ». C'est-à-dire que j'ai le droit de faire un poème, une comédie, un roman ; de chanter, de résoudre un problème, de manger, etc.

Oui, mais à quoi cela me sert-il, si je ne suis pas poète, si je n'ai pas d'esprit, si je n'ai pas d'imagination ?... Si je n'ai pas la *bosse* des mathématiques, si je n'ai pas de voix, si j'ai une gastrite ?

C'est-à-dire que j'ai « le droit » d'avoir toutes les qualités, toutes les vertus. Mais à quoi cela me sert-il, si je suis *né* sanguin, c'est-à-dire violent et orgueilleux ? Si je suis nerveux, c'est-à-dire irascible ? Si je suis bilieux, c'est-à-dire acerbe et envieux ?

Si je suis *né* indolent, paresseux, apathique ; si

je suis *né* menteur, joueur, ivrogne, hypocrite, égoïste, avare, etc. ?

Si, enfin, j'ai la *bosse* du vol, du meurtre et un tempérament vésuvien ?

Ce qui revient à dire que j'ai la faculté, apparente, de jouer de mon instrument ; tandis que, en réalité, c'est mon instrument qui joue de moi.

ARDOISE. — Il est bien regrettable qu'elle ait été détrônée par le papier. Au moins, les sottises qu'on écrivait sur l'ardoise, ça s'effaçait ; tandis que celles qu'on écrit sur le papier, ça reste.

ARGENT. — Il n'est qu'une seule chose que l'homme lui préfère : l'or !

ARGOT. — Autrefois, ce n'était qu'une langue parlée. Aujourd'hui, c'est une langue écrite ; et c'est même à peu près la seule.

ARISTOCRATE. — Un démocrate... qui a fait sa pelote.

ARMISTICE. — Le temps de trouver un meilleur fusil, un meilleur canon, un boulet plus... persuasif.

ARMURIER, CHIMISTE (1887) :

Armurier. — Saluez !...

Chimiste. — A genoux !!!

ARROGANCE. — J'en vois bien les inconvénients. Mais je n'en vois pas les avantages.

ARROSER. — Quelle drôle d'idée ! Moi, j'aime encore mieux la poussière que la boue.

ARTILLERIE. — Vous savez, comme moi, qu'aujourd'hui, dans le monde entier, et notamment en Europe, — sans doute à cause de sa prétendue civilisation — vous savez que le produit de notre travail, de nos sueurs et de notre soi-disant intelligence, est dévoré par la confection de boulets, qui renversent les plus fortes murailles et de murailles qui tiennent tête à ces boulets ; sans compter que, le plus souvent, avant qu'un armement soit complètement terminé, on est obligé de le mettre au rancart, parce qu'une nation voisine, encore plus civilisée, en a trouvé un autre, encore *meilleur*.

Au lieu de consacrer ce bon argent à des moyens de destruction, consacrez-le donc à fonder des hospices et des asiles, tas... d'hommes que vous êtes ! Et, au lieu de verser des mares de sang, pour vider vos différents, soumettez-les à l'arbitrage des nations ; ou jouez-moi ça au bezigue ou au piquet ; ce qui serait encore plus simple.

ASSASSIN. — « Il y a toujours des meurtres, nous disait dernièrement un haut fonctionnaire de la police ; mais il n'y a plus d'assassins. Et la preuve... c'est qu'on ne peut plus en découvrir. »

ASSASSINAT, VOL. — Aujourd'hui, ce ne sont plus des crimes, c'est la revendication sociale ; c'est l'exercice de la liberté privée ; c'est « la reprise personnelle ». Aujourd'hui, de par la civilisation, chacun se fait justice soi-même, et souvent avec préméditation et guet-apens. Mme A... *vitriole* son amant ; M. P... — au fait, on peut bien l'appeler par son nom, — M. Pellet, marié, père de famille, envoie des balles, non pas à sa femme légitime, non ; mais à sa maîtresse, à sa concubine ; lui, mari adultère. Et il est absous par le jury, qui déclare, implicitement, par son verdict que, désormais, il n'y a plus de code, plus de lois, et qu'au XIXe siècle, nous avons rétrogradé jusqu'à Caïn.

ASSEOIR (s'). — A la suite d'une déveine opiniâtre, une joueuse enragée avait juré à son confesseur de ne plus s'asseoir à une table de jeu. Et, depuis, elle a tenu sa promesse à la lettre ; elle ne s'est jamais « assise » à une table de jeu... Elle joue debout.

ASSERVIR. — Ce n'est pas *faire* des esclaves ; c'est seulement les « enrégimenter ».

ASSISES (cour d'), Jurés. — Pour peu que ça continue, on va être forcé de leur donner des conseils judiciaires ; ou de les faire asseoir à la place des gredins qu'ils acquittent, comme étant coupables et criminels... de les avoir acquittés.

ASSOCIÉ. — Vous n'êtes pas content ? disaient un jour à d'Ennery, deux directeurs qui montaient une de ses pièces ; ça ne va donc pas comme vous voulez ?

— Non ; ça ne va pas, répondit d'Ennery ; et la raison en est bien simple : c'est que chacun de vous a un associé, qui est un imbécile.

ASSOMMOIR (l'). — Que les personnages y parlent gras, on peut encore y consentir. Mais pourquoi l'auteur se sert-il de la même langue, quand c'est lui qui parle pour son compte ? — Mystère et Documentisme !

ASSOUPISSANT, ENDORMANT.

Assoupissant. — Une page d'un roman naturaliste.

Endormant. — Deux pages d'un roman de ladite école.

ATHÉISME. — Je ne demande pas mieux que l'athéisme soit une « conviction ». Mais qu'on n'en fasse pas « une profession, un métier, une carrière », ni, surtout, qu'on ne me le mette pas sous la gorge.

ATTENTAT, CRIME. — Comment diable peut-on les définir, maintenant, étant donnés les verdicts quotidiens ?

ATTÉNUANTES (circonstances). — « Aggravantes » serait généralement plus exact.

AUBERGE. — Petite caverne patentée.

3.

AUMÔNE. — La façon la moins intelligente de faire « la charité ».

AUTEURS. — Des auteurs en vogue et des auteurs en terre, on ne voit que les qualités. Des autres, on ne voit que les défauts.

AUTODAFÉ. — Quelle drôle de manière de faire du feu ! Je ne vois d'encore plus gai, dans son genre, que le : « Flambez finances ! »

AVARICE. — Prodigalité... posthume.

AVOCAT. — M. A... vantait beaucoup le talent de son avocat. « Ce qui ne l'empêche pas de perdre tous ses procès, objecta M. B... »

Il ne perd pas « ses procès, » riposta M. A... Il perd « les miens ! »

B

BABEL. — Dieu a dit à l'homme, quand il a voulu construire la tour de Babel : « Tu n'iras pas plus haut ! »

L'homme, averti, a changé de tactique pour arriver à son but par une autre route. Il s'est adressé à la science, à la mécanique, à la chimie ; il a découvert ou inventé des manivelles de toute espèce. — Où ce labeur l'a-t-il conduit ?

Grâce à l'imprimerie, aujourd'hui, chaque prolétaire de plus, qui sait lire, est un lecteur de plus pour les doctrines de Babeuf, ou pour le Documentisme.

Grâce à la poudre, au pétrole, à la dynamite, à la roburite, en attendant mieux, un sauvage, un halluciné pourra détruire, en un instant, une maison, un quartier, une ville entière.

La science, cette expectoration du progrès, cette nouvelle tour de Babel, retombera donc, comme l'ancienne, sur le nez de l'humanité.

BACHELIER. — Et puis après ? *Batelier* ou *chapelier* serait peut-être préférable pour toi, mon pauvre garçon !

BACCHUS. — Qu'aurait-il dit, cet ancêtre des pochards, s'il avait entendu la phrase suivante, extraite d'un dialogue entre deux *fabricants* de vin :

— Il est certain qu'il n'y a plus autant de raisin qu'autrefois ; mais enfin, il y en a encore... Qu'est-ce qu'on peut bien en faire ?

BADAUDS. — De braves gens qui, sans s'en douter, trouvent moyen de faire d'une foule un rassemblement, d'un rassemblement une émeute, d'une émeute une révolution... Et qui vous demandent ensuite, avec des yeux en boules de loto :

— Comment diable cela s'est-il fait ?

BADIGEONNAGE, MAQUILLAGE. — Il n'est pas de femme qui ne s'aperçoive, à quinze pas, qu'une autre est maquillée. Et il n'en est pas une qui ne soit convaincue que son maquillage, à elle, reste invisible.

Toujours l'histoire de la paille et de la poutre.

BÂFRER. — Manger... chez les autres.

BAGNE. — Si l'on en extrayait ceux qui y sont injustement, le bagne serait loin d'être vide. Mais si l'on y insérait ceux qui n'y sont pas et qui devraient y être, il serait comble !

Ce n'est pas pour vous que je dis cela, mon cher

banquier. Je sais que vous avez été acquitté... toutes les fois.

BÂILLER. — Façon silencieuse de dire à un orateur que son discours est un peu longuet.

BAÏONNETTE. — M. Krupp doit-il rire assez de toi, ma pauvre ingénue !

BAL. — Le champ de bataille des femmes. Et, souvent aussi, la succursale de l'hôtel des ventes.

BALAIS. — Ah ! s'ils faisaient leur devoir, dans certains coins, il n'en resterait plus que les manches !

BALEINE. — Elle sert aux grosses femmes à avoir moins l'air... d'une baleine.

BALLET. — Le seul genre d'ouvrages dramatiques où l'on ne fasse pas de fautes d'orthographe ou de prosodie.

BALLONS. — Je sais bien qu'ils font tout ce qu'ils peuvent pour devenir nuisibles en cas de guerre ; mais ils n'avancent pas. Allons, mes enfants, un peu de courage !

BALZAC. — Un génie ; un maître, qui a fait de bien fâcheux élèves !

BANALITÉ. — Si on l'excluait de la conversation, on n'aurait plus que le silence. Et, quant à moi, j'aimerais autant ça.

BANCO. — Voilà un spectre que les gommeux ont dû revoir bien souvent dans leurs rêves.

BANDE. — Jadis, on disait : une bande de voleurs. Aujourd'hui ce mot ne s'emploie plus, dans les clubs, que suivi de : gendarmes ou de sergents de ville.

Le progrès !

BANDEAU (*au figuré*). — C'est l'hydre de Lerne. Arrachez-en un, il en repousse deux.

BANNISSEMENT, DÉPORTATION. — Le premier échelon de l'échelle politique (1887).

BANQUEROUTE. — Quand on n'en fait qu'une, c'est une mauvaise affaire. Mais quand on arrive à en faire deux, on a de belles chances pour en faire trois, et même plus. Et, alors, c'est comme la boue qui cesse d'être une immondice, dès qu'elle est en tas.

BANQUET FUNÉRAIRE. — Un festin où le défunt aurait bien tort de revenir au dessert, sans casque et sans cuirasse.

BANQUIERS. — Il y en a qui sont en prison ; il y en a qui en sont sortis ; il y en a qui devraient y être... il y en a même d'honnêtes.

BAPTÊME. — Combien de ces futurs hommes on devrait baptiser, la tête en bas, en pleine eau... et les y laisser !

BARAQUE, BAZAR, BOÎTE, CASSINE. — Façon, pour les domestiques, de désigner la maison où ils sont logés, nourris, vêtus et payés.

BARBARES. — Je voudrais bien savoir ce qu'ils diraient de nous, s'ils nous voyaient.

BARGUIGNER. — Cas assez fréquent ; excepté quand il s'agit de faire une bêtise.

BARTHÉLEMY (la Saint-). — Eh ! Eh ! une boucherie, une charcuterie, M. Zola... C'est à considérer.

BASSINOIRE. — Un marchand d'antiquités disait un jour à Vivier :

— J'attends une pièce des plus curieuses : La dernière bassinoire de Louis XIV.
— Mme de Maintenon ? s'écrie Vivier.

BATAILLE. — Il paraît que les hommes ont trouvé que la peste, le typhus, le choléra, la fièvre jaune... et le fléau documentiste n'étaient pas encore suffisants.

BATELAGE. — Le bateau qui compte le plus de bateliers.

BATTRE. — La plus grande preuve d'amour qu'un mâle puisse donner à sa femelle.

Il existe incontestablement des femmes qui aiment à être battues. Si vous n'en avez jamais vu à la recherche de cette bienheureuse tripotée, il faut tâcher de voir ça ; c'est un joli travail.

BAUDRUCHE. — L'enveloppe du Documentisme. Faites-y un trou, il n'en sort que du vent. J'allais dire : un vent !

BAVARD. — « Quel bavard que ce Durand, disait un péroreur ; pendant deux heures, il n'a pas cessé... de m'interrompre. »

BAVE. — La salive de l'Impuissance et de l'Envie.

BEAUTÉ. — Une valeur très... « estimable »... puisqu'elle se cote comme les autres.

BÊCHE. — Outil de jardinier... et de journaliste.

BEDAINE. — Divinité domestique.

BÉGUEULE, PRUDE. — Oui, c'est convenu : il aut éteindre la bougie.

BÉLIER. — Quadrupède, presque aussi têtu qu'un Breton.

BELLE-MÈRE. — Un gendre qui vient de terminer l'épitaphe de sa belle-mère : « Là ! voilà qui est fait. Et je crois que c'est un peu tapé ! »

BELLIQUEUX. — Soyez « brave », c'est bien suffisant.

BÉNÉDICITÉ. — Ça ne fait de mal à personne ;

et c'est assurément préférable au bitter et à l'absinthe.

BENJAMIN. — Celui de nos enfants qui nous cause... le plus de chagrins.

BÉQUILLER, BECQUETER. — Faire un repas, en Médanie.

BERCEUSE. — Une complainte, un poème épique, une tragédie... et surtout, un roman documentiste.

BERLUE. — Quand on ne l'a pas, c'est tout à fait par exception.

BERNARD (Charles de). — Un roitelet, au temps où il vivait : au temps des Balzac, des Dumas, des George Sand ; un aigle, au temps où nous vivons : au temps du Goncourt et du Zola.

BESOGNE, TRAVAIL. — La seule vertu de la France, où tout le monde travaille avec amour : avoués, notaires, avocats, agents de change ; gens de lettres, peintres, musiciens, médecins, pharmaciens, boutiquiers... tout le monde, excepté les *travailleurs* proprement dits, qui travaillent le moins possible, et qui ont une sainte horreur « du travail ».

BÊTE. — Tout le monde : vous, moi... vous surtout !

BÊTISE. — Une maladie qui a cela de bon pour

ceux qui en sont atteints, c'est qu'elle ne fait souffrir que ceux qui ne l'ont pas.

BEURRE. — On en fait, aussi, avec du lait.

BIAISER. — Façon habituelle de marcher, en Normandie.

BIBLIOPHILE, BIBLIOMANE. — Ils feraient mieux d'avoir moins de livres et d'en lire plus.

BIBLIOTHÈQUE. — Trop de *volumes*, et pas assez de *livres !*

BICHE. — Assez rares dans les sentiers des bois, elles pullulent sur les trottoirs des grandes villes.

BIENFAITS. — On nous les pardonne, quelquefois.

BIENFAITEUR. — Un bon maniaque.

BIGAME. — Un homme qui éprouverait le besoin d'avoir deux femmes, à la fois ?... Il doit y avoir erreur.

BIGOTERIE. — La goinfrerie de la dévotion.

BIJOUX. — Les femmes ne tiennent pas à en avoir de beaux... mais de *plus* beaux !

BILLETS. — « Je n'admets que deux sortes de billets, disait Mlle Tata : les billets doux et les billets de banque. »

« *P.-S.* Toute réflexion faite, on peut biffer :
« billets doux. »

BILLEVESÉES. — Tout ce que vient de dire
« l'honorable préopinant ».

BIS ! — « Croyez bien, MM. les Documentistes, que ce n'est pas pour vous qu'on a inventé
ce mot-là. »

BISAÏEUL. — « Eh ! là-bas, est-ce que ça ne va
pas bientôt finir ? »

BISCAÏEN. — Démodé, distancé, mon pauvre
petit !... Le progrès, toujours !

BLASÉ. — Un imbécile ou un fainéant.

BLESSURES. — Les plus douloureuses ne sont
pas celles qu'on reçoit dans le corps, ni même dans
le cœur ; mais dans son orgueil et sa vanité.

BLOUSE. — Un noble vêtement, quand il est
bien habité.

BŒUF. — Un taureau, qui a renoncé à plaire.

BOHÈME — Un flâneur qui prend le bitter pour
l'Hippocrène et l'ivresse pour le génie.

BOILEAU. — Il est trop déprécié, ce bon Nicolas.
A défaut de génie, il avait la mesure, le tact et le
goût ; vous entendez, M. Zola : « Le goût ! » Il a
été un précurseur ; il a parlé, le premier, la langue
qu'on parle encore aujourd'hui... quand on parle

bien ; vous entendez, M. de Goncourt : « Quand on parle bien ! »

BOMBARDEMENT. — Moyen de communication très usité, entre nations « civilisées ».

BONHEUR. — L'homme n'est jamais heureux. Il se souvient de l'avoir été ou il espère l'être un jour. Voilà tout.

BONJOUR, BONSOIR. — Un souhait apparent, qui n'est qu'une simple formule. Voyez-vous d'ici les hommes souhaitant, sérieusement, une « bonne journée, une bonne soirée » à leur prochain ; et la tête qu'ils feraient, si le bon Dieu les prenait au mot !

BONNET. — On n'en porte plus guère ; mais rassurez-vous, MM. les Moulins, on les a remplacés par des chapeaux.

BON SENS. — On trouve des gens capables de reconnaître, à la rigueur, qu'ils n'ont pas d'instruction, pas d'esprit.

Mais un homme, un seul, qui consente à échanger, avec qui que ce soit, ce qu'il appelle « son gros bon sens, sa petite jugeotte »... cherchez-le !

Ou plutôt, croyez-moi, ne le cherchez pas.

BONTÉ. — Une folie douce, mais peu contagieuse, et dont on se guérit avec le temps.

BOT. — L'acteur Mouval était pied-bot.

Il disait un jour à son ami Tisserand : Quand j'aurai un pied dans la tombe...

— Tâche que ce soit celui-là ! lui dit Tisserand, en désignant le pied contrefait.

BOUCHE. — Il n'y en a plus qu'une qui compte aujourd'hui : la bouche du canon.

BOUCLIER. — Ah ! mon pauvre Achille, je voudrais bien te voir parer un obus avec ton fameux bouclier ! — Le progrès !

BOUDOIR. — Un petit bazar, où il se fait de grosses affaires, de midi à minuit.

BOUE. — « Une femme que j'avais tirée de la boue ! » disait un jour un mari déçu.

— Tu te trompes, lui objecta un de ses amis, tu ne l'en avais pas *tirée*, tu l'y avais seulement ramassée.

BOUILLIE. — Espèce de soupe, que beaucoup d'orateurs continuent à manger, en dehors des repas.

BOUILLON. — Potage d'actionnaires, cuisiné par *** et Cie.

BOURGEOIS. — Si vous les dépouillez de ce qu'ils ont, excellents prolétaires, ce sont eux qui seront des prolétaires et vous qui serez des bourgeois ; et alors ils devront, à leur tour, vous dépouiller, comme bourgeois, en qualité de prolétaires. Et tout le temps comme ça !

BOURRUS, QUINTEUX. — Et qu'ils ont bien raison !... Dans leur bouche, un mot aimable devient une perle, qu'on s'empresse de faire monter en épingle.

BOURSE. — Et l'on a fermé les maisons de jeu !

BOURSOUFLURE. — L'infirmité des styles... creux.

BOUZILLER, BÂCLER, BROCHER. — Travailler... comme on travaille d'ordinaire.

BOUTE-EN-TRAIN. — J'en ai connu... un, qui ne manquait pas d'une certaine gaîté.

BOUTEILLE. — Je comprends qu'on aime « la bouteille... », car elle vaut généralement mieux que ce qu'il y a dedans.

BOUTIQUE, MAGASIN :

Boutique. — Un bois.

Magasin. — Une forêt.

BOUTONNIÈRE. — Un œil qui voit « rouge ».

BRAILLARD. — Epithète dont se sert un membre de la gauche en parlant d'un membre de la droite ; et réciproquement.

BRASSERIE, CAFÉ, CERCLE. — Un endroit d'où l'on sort « pour la dernière fois !... » tous les soirs !

BREF. — Façon d'avertir l'auditoire qu'on va recommencer son discours.

BRETELLES. — Étrange! C'est monsieur qui en met. Et c'est généralement madame qui les porte. Étrange !

BREVET D'INVENTION. — L'express pour l'hôpital.

BRIGAND. — Dans la bouche d'une mère, parlant de son fils, traduisez : Quel charmant enfant !

BRISÉES. — Nous ne craignons pas de marcher sur celles des autres, mais qu'ils marchent sur les nôtres ?... Ah ! mais non !

BROCHET. — Ils ne vivent pas tous dans l'eau. J'en connais qui nagent dans la finance.

BROCHETTE. — Un paquet de croix où la quantité remplace souvent la qualité.

BROUILLONS. — J'avais commencé la liste de tous ceux que je connais... mais j'ai dû m'arrêter à la page 624.

BRU. — N'a pas beaucoup d'agrément dans sa nouvelle famille ; et, du reste, ne lui en donne pas non plus énormément.

BRUIT. — J'ai remarqué, douloureusement, qu'à la Chambre, on fait souvent plus de « bruit » que de besogne et plus de pas que de chemin.

BRÛLER. — On brûle volontiers : le pavé, la politesse.
On brûle aussi... pour une forte dot ; on brûle

même, parfois, d'amour. Mais alors on est considéré comme un cerveau « brûlé ».

BRUMAIRE. — « Le 1er *brumaire*, disait un jour Vivier, en parlant du père Corot.

BUDGET. — Presque aussi lourd... qu'un roman documentiste.

BUFFET. — L'excuse du bal.

BUSNACH. — Un cornac de premier ordre. Un distillateur merveilleux qui nous fait digérer du Zola, comme un verre d'anisette. Ce serait à lui élever une statue, si l'on n'en avait pas tant abusé.

BUTIN. — Une chose qu'on achète... pendant que le marchand a le dos tourné.

C

CABALE. — Façon de désigner le public, dès qu'il cesse de nous applaudir.

CABANE. — Une « maisonnette » où l'on compte bien moins de sots et de méchants que dans une « maison... », parce qu'il y a moins de locataires.

CABOTIN. — Il y en a, aussi, au théâtre.

CACHEMIRE, DENTELLES. — Ça, d'abord. La chemise après.

CACHOU. — Il enlève bien l'odeur du tabac ; mais il laisse l'odeur... du cachou !

CADUCITÉ. — La seconde enfance.

CAGE. — Louis XI y mettait des hommes ; nous y mettons des serins. Elles finissent donc comme elles ont commencé.

4

CAISSIER. — Un chef... de *valeurs*.

CAJOLERIE, FLATTERIE, ADULATION. —
« Ah ! verse encore !... » (Air connu.)

CALAMITÉ. — Perdre son chien, son chat ; se casser un ongle ; avoir une robe trop large ou trop montante.

Pour exprimer l'infortune des autres, « accident » suffit à traduire la pensée.

CALOMNIATEUR. — Un glouton à qui la « médisance » ne suffit plus.

CALOMNIER. — Se salir beaucoup, pour éclabousser un peu son prochain. Mais ce n'est pas le tout de vouloir « calomnier » quelqu'un...'Ce n'est pas toujours facile.

CALOTTES. — Giffles... amicales.

CALUMET (de la paix). — Quand donc l'allumerons-nous, ô mon Dieu ? Faites que ce soit bientôt... Et que, surtout, ce ne soit pas la régie qui fournisse les allumettes !

CAMARADERIE. — Le stage de l'amitié.

CAMÉLIAS. — Quelles jolies fleurs !... C'est à croire qu'elles sont artificielles.

CAMISOLLES. — Mlle Tata vient d'en commander qui se dégraffent toutes seules. — *Time is money !*

CAMPAGNE. — Un des terrains les plus « battus ».

CAMPÊCHE (bois de). — Quand donc aura-t-il son phylloxera !

CAMPER. — Voyez : Vivre.

CAMPHRE, NÉNUPHAR. — Eh ! on n'a pas besoin de vous, imbéciles !

CANAPÉ. — « Le divan est plus pratique. » (Mémoires d'Aspasie.)

CANARD. — Un oiseau qui chante *faux*.

CANIF. — Petit instrument qui sert à tailler les plumes et à taillader les contrats de mariage.

CANDEUR, INNOCENCE, VIRGINITÉ. — « Les recherches continuent. » (Mémoires de Canler.)

CANDIDATURE. — Etat normal de tout citoyen français, en 1887, à toute heure du jour et de la nuit.

CANNE, BÂTON. — Si l'on en cassait autant qu'on le devrait sur le dos de certaines gens, il faudrait mettre les forêts en coupe réglée.

CANONS RAYÉS. — Ah ! MM. les ivrognes, vous ne pourriez pas les boire aussi, pendant que vous y êtes !

CANONNADE. — La dernière pensée de... Wagner.

CANTHARIDE.

« On s'en ferait mourir, si l'on n'en mourait pas ! »
(Mémoires de Casanova.)

CAPRICE. — Petit voyage à Cythère, par le train de plaisir, avec deux chemises et un sac de nuit.

CAPTIVER. — Voyez : Flatter, aduler.

CARICATURE. — Un portrait grotesque... dont l'original a souvent l'air d'être la « charge ».

CARNAVAL. — Temps de folie qui durait du jour des Rois au mercredi des Cendres, et qui a cessé d'exister... depuis qu'il dure toute l'année.

CAROTTES. — Seraient hors de prix, si l'on en mangeait autant qu'on en tire. — N'est-ce pas, mon cher neveu ? N'est-ce pas, ma chère Amanda ?

CARREFOUR. — Espèce de traquenard, évidemment inventé par M. le directeur des pompes funèbres.

CARRIÈRE. — Voyez : Démagogie.

CARRURE. — Se méfier ! (Mémoires d'Aspasie.)

CARTES. — Tâchez de les « brouiller » et d'en connaître « le dessous ». Mais n'y jouez jamais.

CASANIER. — Vieux mot, jadis très français, tout à fait tombé en désuétude.

CASER. — « J'ai casé mon fils, ma fille » se dit,

notamment, quand la demoiselle est bossue et quand le jeune homme est un sacripant !

CASQUE. — Portons-le ; mais ne le tendons pas.

CASTRAT. — « Heureux les hommes qui n'ont pas d'histoire ! » (Montesquieu.)

CATACLYSME, CATASTROPHE. — Je n'ai pas encore la croix !
— Je ne suis plus ministre !
— Ma belle-mère est sauvée ! etc.

CAUCHEMAR. — Un rêve, la nuit. Une réalité, dans le jour; et de tous les jours.

CAUSER. — Pour un bavard, « causer » c'est parler tout seul.

CAUSEUR. — Voyez poseur.

CÉLÈBRE. — Adjectif que l'on confond chaque jour davantage avec « illustre ». Ainsi, autrefois, Erostrate, Ravaillac n'étaient que « célèbres ». Aujourd'hui, Fieschi, Orsini et Cie sont « illustres ». Je ne serais même pas étonné de les voir, un de ces jours, canonisés... civilement.

CÉLIBAT. — Une façon de porter la chaîne de Vénus... en détail.

CENDRE. — On dit qu'un pays peut renaître de ses cendres. — Espérons-le !

CENTENAIRE. — Un malheureux qui a vécu cent ans !... Il s'était donc fait chloroformer ?

4.

CERCLE (le). — Un tourbillon dans lequel on tourne, jusqu'à ce qu'on y ait bu son dernier bouillon.

CERCUEIL. — Celui-là, au moins, ce n'est pas un lâcheur !

CERTAIN, SÛR, IMMANQUABLE. — Se dit surtout d'une chose qui ne manque jamais... de manquer.

CÉSURE. — Beaucoup de poètes d'aujourd'hui n'en tiennent plus compte ; pas plus que de la loi contre l'enjambement. Et comme, par suite de l'enjambement, la rime disparaît, il en résulte que les vers construits dans ces conditions ne sont plus des « vers ». Alors, pourquoi ne pas écrire en prose ? Ce serait beaucoup plus simple et presque aussi facile.

Vous savez, paresse ou impuissance, cette innovation, et pas autre chose.

CHAGRIN. — Autant vaut en avoir de réels, puisque, quand on n'en a pas, on s'en forge d'imaginaires. Et les premiers ont même un avantage : c'est de s'user avec le temps.

CHAÎNE. — « *Faire* la chaîne » s'emploie, aussi, par exception, dans le sens de : « passer des seaux pour éteindre un incendie ». (Mémoires de Vidoq.)

CHAIR. — « L'esprit est prompt ; la chair est faible », dit la sagesse des nations. Je reconnais que la chair est faible, et même très faible ; mais je n'ai jamais remarqué que l'esprit fût si prompt que cela.

CHAMEAU. — Une « belle petite » disait à une de ses amies :

— On a envoyé en Perse deux cents chameaux ; eh bien ! au bout d'un mois, *elles* étaient toutes mortes !

CHANCE. — « Je n'ai pas de chance ! » Façon commode de ne pas s'avouer à soi-même qu'on est un fainéant, un maladroit ou un idiot.

CHANSON. — Le dessert de l'esprit, et l'esprit du dessert. — Et, par conséquent, disparue.

CHANTEUR. — On disait un jour à un baryton marseillais :

— Eh bien ! mon pauvre vieux, il paraît que tu as « écopé », là-bas ?

— Qu'est-ce que tu veux, répondit-il, j'ai trop de voix... la voix m'étouffe !

CHAOS. — Après avoir lu, sous ce mot, dans les dictionnaires : « L'état où étaient toutes choses, à la veille de la création... », nous ajouterons : « et où elles se sont empressées de retourner. »

CHAPERON. — Une matrone, chargée de garder les jeunes filles — et de les perdre au besoin.

CHAPITRE. — « Ce ne sont pas toujours les plus courts qui sont les moins longs »... me disais-je, en lisant *Pot-Bouille* et *Nana*.

CHARBONNIER. — « Il est maître chez lui, » dit le proverbe — Il n'a donc ni femme, ni enfants ?

CHARCUTERIE. — La nouvelle formule du drame... au dire de M. Zola.

CHARDON. — Tous les « ânes » n'en mangent pas. Et c'est bien heureux... pour les baudets.

CHARENTON. — Le directeur de l'établissement va, dit-on, demander son transfert à une plus grande distance de Paris. Il craint que le voisinage de cette cité ne finisse par devenir contagieux, pour ses pensionnaires.

CHARITABLE. — Un misanthrope, qui veut prendre son prochain en flagrant délit d'ingratitude.

CHARITÉ. — Ne s'emploie guère que dans le sens de : « Charité bien ordonnée commence par soi-même ! »

CHARMANT, ADORABLE :

Charmant ! — Une médisance.

Adorable ! ! — Une calomnie.

CHARME. — Un don, une qualité naturelle, qui cesse d'exister dès qu'elle veut être un art.

CHARMER (quelqu'un). — Lui dire qu'Antinoüs était un singe auprès de lui ; Balzac, un Zola ; lui dire même, quand il éternue, que personne n'éternue aussi fort que lui !

CHARPENTE. — La seule difficulté du drame et du roman. Voyez donc : d'Ennery, Eugène Süe ; et ne voyez pas Zola et Goncourt.

CHARPIE. — Etat dans lequel Minerve ne manque jamais de mettre son « mouchoir » avant de nous le jeter.

CHARRUE. — Tu n'as pas de statue, ô Triptolème ! Voilà ce que c'est que d'avoir semé du blé pour l'homme, au lieu d'avoir semé l'homme... sur les champs de bataille.

CHARTE. — Un pacte qui ne semble guère institué que pour être violé, de part et d'autre.

CHARTREUX. — Les seuls religieux qu'on puisse encore tolérer. (*Mémoires d'un Libre-Penseur.*)

CHARYBDE. — « Tomber de Charybde en Scylla, » c'est-à-dire tomber de Tibère en Caligula ; tomber de Goncourt en Zola.

CHASSE (accidents de). — Gontran rencontre une jeune bergère au coin d'un bois. Il dépose son fusil contre un arbre et s'assied auprès d'elle.

Tout à coup, le papa de la bergère débouche d'un fourré ; il aperçoit le groupe amoureux, s'empare du fusil... et il file avec !

CHASTE. — Abeilard... à un moment donné.

CHATOUILLER. — « Il est tellement taquin, disait Vivier, en parlant d'un de ses amis, que, quand il couche seul, il se réveille parfois la nuit, pour se chatouiller les pieds ! »

CHATOUILLEUX, CHATOUILLEUSE. — Se dit souvent, en parlant de l'orgueil, de la vanité. Très rarement, quand il s'agit de la conscience.

CHAUD. — A plus souvent l'occasion de s'appliquer en parlant des pieds qu'en parlant du cœur.

CHAUFFOIR. — Sont-elles mauvaises, les cabotines !

Olympe ayant soufflé son amant à Angèle, celle-ci lui colla... quelque part, au moment où elle entrait en scène, un écriteau ainsi conçu :

« Chauffoir public ! »

CHAUMIÈRE. — Si vous en offrez une, aujourd'hui, à *Rosalinde*, je vous conseille d'y joindre un million.

NOTA. — Il est inutile qu'il soit en or vierge malgré le contraste qui en résulterait entre le don et la donataire.

CHAUVE. — Ce bon Siraudin, qui était chauve comme un œuf, demande un bonnet de coton, dans un bazar.

On lui donne un paquet. Qu'y trouve-t-il, le soir, en le défaisant ?

Des genouillères !

CHEF-D'ŒUVRE. — Un enfant qu'on ne baptise jamais qu'après la mort de son père.

CHEMINÉE. — La bibliothèque dans laquelle je me fais un devoir et un plaisir de ranger *Nana*, *Pot-Bouille*, etc.

CHERCHER. — Parmi les rares choses que nous cherchons, il n'y a guère lieu de signaler que : « noise, pouille, et midi à quatorze heures ».

CHÉRIR, ADORER, IDOLÂTRER. — « Aimer » suffit d'ordinaire, et très largement, à exprimer le sentiment véritable.

CHEVAL. — Un esclave incomplet, s'il aime le joug de l'homme. Une bête brute, s'il le subit malgré lui.

Couche-toi, imbécile !

Une petite anecdote. Entre anciennes amies de pension.

— Je reconnais que je dépense beaucoup d'argent. Mais, en revanche, je suis à « cheval » sur mes devoirs. Et toi ?

— Oh ! moi, je suis très économe. Mais pour ce qui est des devoirs, je suis... en croupe, tout au plus !

CHEVALERESQUE. — Ça, c'est des vieux mots, qu'on fait courir !

CHÈVRE. — Un vieux diplomate a donné, pour ses étrennes, à un de nos hommes d'État, une charmante chèvre et un superbe chou en sucre, avec ce mot d'envoi : « *Ménagez-les bien !* »

CHICORÉE. — Plus généralement servie sous le nom de « café ».

CHIENS. — La comtesse disait à Taupin, qui partage nos sentiments pour ces animaux :

— Vous n'aimez pas les chiens, monsieur Taupin ?

— « Je ne les aime pas » est peut-être beaucoup dire. Mais il est certain que, si j'allais dans un pays où il n'y en eût pas, ce n'est pas cela qui m'empêcherait d'y rester...

Approuvée la pensée, tout en blâmant la modération du langage.

Et à leur propos : Pourquoi, dans la pénurie où nous sommes, n'imposerait-on pas les chiens de luxe, selon le prix que leurs tendres propriétaires semblent y attacher ? Ça, les cartes, l'eau-de-vie, le tabac, les cercles, les courses et le piano, on devrait les charger jusqu'à extinction. Et, s'ils survivaient à leur surtaxe, alors, du moins, on ne me ferait plus payer jusqu'à l'air que je respire, si l'on peut appeler ça : de l'air.

CHIFFONNER. — Subtilités de la langue française.

— Savez-vous comment on peut « chiffonner » le plus une soubrette, au minois « chiffonné » ?

— En ne la « chiffonnant pas ».

CHIFFRE. — La scène se passe chez un graveur, où Mlle Tata vient de commander du papier à lettres.

— Et quel est votre « chiffre » ? dit le graveur. Mlle *Tata, étourdiment :* — Cinq louis !

CHIMÈRE. — Voyez : Projet.

CHIMÉRIQUE. — Tout ce qui serait juste, raison-nable et généreux.

CHIMIE. — Elle nous a donné la poudre à ca-non et le pétrole ; puis la dynamite et la mélinite ; et il y a gros à parier que nous lui devrons, en fin de compte : l'extermination du monde ; ce qui, du reste, ne serait pas un bien grand malheur.

CHIRURGIEN. — J'en connais un, au demeurant le meilleur fils du monde, qui me disait un jour, d'un air navré : Je n'ai plus de goût à rien... Je n'ai même plus de plaisir à couper une jambe ! Le pauvre homme !

CHOCOLAT. — On en fait, parfois, avec du cacao.

CHŒUR (enfant de). — On disait à Vivier, en lui montrant un jeune parpaillot : — Voyez donc comme il a l'air doux et candide.
— En effet, répondit Vivier ; on dirait un enfant de chœur... de la libre-pensée !

CHOIX (l'embarras du). — Vous n'avez qu'un moyen de vous y soustraire : c'est de ne cher-cher que des gens n'ayant ni vices, ni défauts et dotés de toutes les vertus. Il est vrai qu'alors vous aurez l'embarras contraire.

5

CHOQUANT. — Si tout ce qui est « choquant » nous choquait, ce ne serait que demi-mal. Mais c'est qu'hélas ! ça ne nous choque pas du tout. Je connais « d'honnestes » dames qui vous digèrent *Chérie* et *Pot-Bouille* comme une pastille de Vichy.

CHRIST, JÉSUS. — Donner aux pauvres gens l'espérance d'un monde meilleur, et leur enseigner la résignation, la charité, l'amour du prochain ; ça, c'est parfait. Mais leur dire aussi que : « les premiers seront les derniers... » Pourquoi donc cela si chacun d'eux avait mérité sa place ? Ça, c'était une mauvaise semence. Aussi n'a-t-elle pas manqué de fructifier.

CHRONIQUE (adjectif). — Nos vices, nos défauts, nos travers. Nos vertus, seules, sont intermittentes.

CICÉRONE. — Un cornac, qui montre *à* des bêtes.

CIGARE. — Ça coûte cher, ça empoisonne, au propre et au figuré.
Ce n'est donc pas encore ça qui disparaîtra de si tôt.

CIGUË. — Poison dont est mort Socrate et dont est né Emile Augier, qui en est devenu le fils, après en avoir eté le père. Le fils de son œuvre.

CIMETERRE, CIMETIÈRE. — « L'un mène à l'autre, » comme disait l'ami Christian.
Quant à cet autre, c'est-à-dire, le cimetière, c'est

encore là que la gaieté française garde le mieux ses vieilles traditions, au moyen de ce soi-disant « album de la douleur », qu'on nomme les épitaphes et qu'on devrait nommer « le Mirliton de Proserpine ».

(Voyez : Epitaphes.)

CINÉRATION, CRÉMATION. — Oui, disait le citoyen Isidore, la crémation, c'est déjà quelque chose ; mais ça ne sera complet que quand on *crèmera* les bourgeois .. de leur vivant.

CIRCONLOCUTION. - Le chemin des écoliers du langage.

CIRCONSPECT. — Un monsieur qui se surveille ; et que, par conséquent, il est sage aussi de surveiller.

CIRCONVENIR. — Assiéger quelqu'un, civilement.

CIRE. — Enduit dont on frotte les escaliers, à seule fin, évidemment, de nous les faire dégringoler. Sans quoi on s'empresserait, au contraire, de les laver pour les rendre moins glissants ; ou de les recouvrir d'une toile ou d'un tapis.

CISEAUX. — La massue... de Dalila.

CISELEUR. — Un de nos amis avait appelé M. Zola : « Un ciseleur... sur guano ! »

CITATION. — Un travail auquel se livrent bon

nombre d'écrivains. — Mais en oubliant de dire...
que c'est une citation.

CLAIR, NET, LIMPIDE. — Tout ce que nous
disons.

CLAIRVOYANCE, SAGACITÉ. — Mots devenus
sans emploi ; mais qui font toujours bien dans un
dictionnaire.

CLAQUE (la). — Un chef de claque cause, avec
son second, de leur personnel. — Le meilleur,
c'est Adolphe ; c'est lui qui tape le plus fort.
— Allons donc ! Narcisse tape aussi fort que lui,
et son jeu est bien plus élégant !

CLASSEMENT. — C'est le travail auquel je me
livre à l'endroit de la folie humaine. Et la seule
difficulté, c'est de savoir par où commencer. Car
pour ce qui est de finir... il n'y faut pas songer.

CLAVECIN. — Très supérieur au piano. Il faisait
moins de bruit.

CLÉ. — Un journaliste s'était fait fort d'expliquer
la peinture de Manet et la cuisine documentiste...
On l'avait surnommé : « *La clé des songes !* »

CLERC. — Candidat notaire ou avoué, qui recherche de préférence les études où la demoiselle
est borgne ou bossue.

CLICHÉ. — Un paquet tout fait, que chacun se

repasse de confiance, sans avoir jamais eu l'indiscrétion de l'ouvrir. C'est le paletot, l'écaille du lieu commun.

CLIMATÉRIQUE. — « Chaque septième année de a vie, dans laquelle la santé éprouve, parfois, de graves perturbations. » (Littré.)

Apprenant qu'un de ses clients avait sauté en chemin de fer.
— Quel âge avait-il ? demande le docteur X...
— Trente-cinq ans.
— Tout s'explique : une année climatérique !

CLOCHER. — Maintenant, il n'est plus permis de dire qu'on voudrait revoir... « le clocher de son village ». Il faut dire : « la municipalité de sa commune ».

CLOS (huis-clos). — Quand M. Zola fera encore des pièces LUI-MÊME, comme il nous en a menacés, nous espérons bien qu'elles seront jouées à « huis-clos... », dans son intérêt, d'abord.

CLOU. — Aujourd'hui, au théâtre, il y a souvent plus de « clous » que de « charpente ».
Le contraire nous semblerait préférable.

COALISER (se). — Il est bien étrange qu'on « se coalise » si souvent pour faire le mal, et si rarement pour faire le bien.
« Etrange » est pris ici dans le sens de « regrettable ».

COCAGNE. — « Pays où l'on fait bonne chère à bon marché, » disent les dictionnaires.

Ce n'est plus comme chez nous. Mais il y reste toujours des mâts de « Cocagne », où c'est à qui décrochera la timbale.

COCARDE. — Espèce de registre politique, que les malins tiennent toujours en partie double.

COCHE. — Si l'on peut nommer, à bon droit, nos politiciens : « La mouche du coche ». on ne peut pas les accuser de « le manquer ».

COCOTTE. — Mammifère se chargeant de prouver qu'il y a des poules qui ont des dents.

COHABITER. — Donner la preuve d'un bien bon caractère, et, surtout, d'une bien grande patience.

COHÉRITIERS. — Ils trouvent toujours qu'il y en a un de trop, quand ils sont deux ; deux de trop, quand ils sont trois ; et ainsi de suite.

COLLABORATEURS. — Deux auteurs, qui ont fait la pièce, *à lui tout seul*.

COLLAGE. — N'existe, généralement, qu'entre personnes qui s'exècrent ; ou dont l'une d'elles « sait où est le cadavre ».

COLLÈGE. — Le Paradis... plus tard.

COLLÉGIENS. — Je crois, Dieu me pardonne,

qu'ils sont déjà plus bêtes et plus mauvais que les hommes !

COLLER. — Un devoir, un sacerdoce, pour certains examinateurs, — qu'on devrait *coller* à Mazas, ou, tout au moins, à Charenton.

COLLIERS. — Plus de chiens, plus besoin de colliers !

COLLOQUER. — V'lan, ça y est !

COLONIES — L'Angleterre a des colons et des colonies.
La France a des colonies, mais pas de colons.
Enfin, l'Allemagne a des colons, mais pas de colonies.

COMATEUX. — Etat général de l'esprit humain, au XIXe siècle.

COMBAT. — Quand il se livre en nous un « combat », on peut toujours parier, de préférence, que c'est le bon sentiment... qui aura le dessous.

COMBLE. — Aujourd'hui, tout ce qui n'est pas « un comble » est l'exception.

COMIQUE. — Un genre charmant, détrôné par : *Le bi du bout du banc.*

COMMENTER. — Rendre complètement trouble une chose qui n'était qu'un peu obscure.

COMMERÇANT, NÉGOCIANT. — Des citoyens généralement très libéraux, en paroles. Avisez-vous un peu de les appeler des *marchands*, et d'appeler leur « magasin » une boutique ! »

COMMIS. — « Oh ! les patrons, s'écriait l'un d'eux, sont-ils assez insolents !... » Comme je les arrangerais, s'ils étaient mes « commis » !

COMMISSAIRE DE POLICE.

CHŒUR :

Nous arrivons (*ter*)
Tou-jours-trop-tard !

(*Les Brigands.*)

COMMUN (sens). — Aujourd'hui, dans certains milieux, le « sens commun » a été remplacé par le « sens... commune ».

COMMUNE (la). — Quand elle a éclaté, ce n'était qu'un « fait », presque le résultat d'un hasard. Aujourd'hui, elle s'est élevée à la hauteur d'un principe, d'une institution ; et, loin de mourir de sa mort, elle y a véritablement pris naissance. Loin d'être une « leçon », elle a été un « exemple ». — C'est incroyable ! me dira-t-on. — C'est simple comme bonjour, au contraire. C'est le progrès... moderne ! c'est-à-dire le renversement du bon sens. du juste et de l'injuste ; c'est un tremblement de raison humaine.

COMMUNARDS. — « Des réactionnaires! » disent les anarchistes. Ce qui prouve la vérité de l'aphorisme : « On est toujours le réactionnaire de quelqu'un. »

COMMUNIER. — Un libre penseur supplié par sa femme de faire faire, à la petite, sa première communion :

— J'ai trouvé un moyen terme, lui dit-il, je la ferai communier... civilement!

COMPAGNES. — Jeunes personnes entre lesquelles il existe un vieux levain... d'amitié.

COMPAGNIE. — La meilleure compagnie, à présent, c'est une belle compagnie... de perdreaux!

COMMUNION (la première communion. — *Maison Tellier, de Guy de Maupassant.*)

— C'est, peut-être, la scène la plus vraie, la plus neuve, la plus variée et la plus complète qui ait jamais été faite.

Ces perverties, ces damnées, libres, un seul jour ; aspirant de toutes leurs narines le printemps et l'odeur des prés ; bondissant par les sentiers et les herbes, comme des cavales échappées, ivres d'air, de renouveau, de lumière et de liberté. Puis, à l'heure du mystique symbole, toute leur jeunesse, leur pureté, leur innocence leur remontant au cœur, comme une brise, comme un souvenir parfumés... Quoi de plus vrai, de plus émouvant, de plus pathétique? Et, en même temps, quoi de plus comique que le bon curé, qui, frappé de leur ferveur, et ignorant à quels démons appartiennent ces âmes, devant lui prosternées, les offre comme un modèle et un exemple aux honnêtes matrones de l'endroit.

Un vrai chef-d'œuvre.

COMPARER. — Si vous voulez être heureux, faites le contraire de ce qu'on fait aujourd'hui et regardez de haut en bas.

— Mais si je suis en bas ?

— Alors, regardez en haut ; mais tâchez d'y monter, sans escalade, ni effraction, à la force de la patience et du travail.

COMPAS. — On dit de certaines personnes qu'elles ont « le compas dans l'œil... » Ça doit être bien gênant !

COMPASSION, COMPATIR. — C'est un bon sentiment ; mais à la condition qu'il ne soit pas trop platonique.

COMPENSATION. — Un vers a treize pieds, un autre n'en a que onze... ça se compense.

COMPÉTENCE. — Substantif féminin qu'on « déclinerait » plus souvent, si l'on était plus modeste.

COMPÉTITEURS. — Tous, en chœur : « L'intrigant ! »

COMPLAISANCE. — Une qualité plus appréciée chez un garçon... que chez un mari.

COMPLET. — Un homme... qui a bien dîné !

COMPLICE. — Oreste... et Mandrin.

COMPOSITION, CONCOURS. — Combat d'écoliers, où, à défaut de sang, il coule déjà de l'amour-propre.

COMPRÉHENSION. — Faculté de comprendre, que peut posséder un chimiste, un ingénieur, un mécanicien ; mais qu'il ne faut pas confondre avec le bon sens, le jugement et la raison.

COMPTER. — Ne comptez que sur vous, si vous ne voulez pas « compter sans votre hôte ».

CONCORDE. — Un roi constitutionnel règne et ne gouverne pas. Je ne sais pas si, par contre, la concorde gouverne ; mais j'affirme qu'elle ne « règne » pas.

CONDAMNABLE. — N'a plus rien de commun, aujourd'hui, avec « condamné ».

CONDOLÉANCE. — Tu sais que je me marie ?
— Oui, mon ami ; et je prends bien part !

CONDUITE. — Il y a la bonne et la mauvaise. On a donc tort de dire d'un gommeux qui se conduit mal « qu'il n'a pas de conduite »... Il en a une... malheureusement !

CONFÉRENCE. — Le bain de pied de la Tragédie.

CONFIANCE. — Son principal avantage, c'est de nous enseigner... la *défiance*.

CONNAISSANCE. — Ce mot a plusieurs acceptions. Le neveu de Mme X... est au plus bas. Elle arrive éperdue et dit à la concierge :

— Mon neveu a-t-il encore sa « connaissance » ?

— Oh ! certainement ; mais vous ne pouvez pas monter... elle est en chemise !

CONNAÎTRE (se). — La meilleure preuve que l'homme ne se connaît pas, c'est qu'il est... ce qu'il est !

On ne peut pas être comme ça, exprès !

CONQUÉRANT. — Arcole, Rivoli, Wagram, Austerlitz, etc. — Total : Waterloo.

CONQUÊTE de PLASSANS (la). — Il n'y a qu'un moyen de pouvoir la lire : c'est de passer... *les* pages.

CONSCIENCE (la). — Je ne lui conseillerai jamais de se rencontrer, la nuit, au coin d'un bois.

CONSEIL. — Un cadeau, quand on le donne. Une pilule, quand on le reçoit.

CONSIDÉRATION. — Tâchons d'en « avoir » un peu, quand même ; mais tâchons, surtout, d'en « mériter » beaucoup.

CONSOLATION. — « J'ai perdu 10,000 fr. à la Bourse... mais mon ami Durand est complètement ratissé ! »

CONSOLATEUR. — « Voyons, mon ami, ton oncle est mort bien jeune, et d'une façon bien tragique, sans doute. Mais voudrais-tu qu'il ressuscitât ? Non, n'est-ce pas ? Eh bien ! alors !...

CONSTANCE. — Fidélité, poussée jusqu'à l'indiscrétion.

CONSULTER. — Façon respectueuse de demander à quelqu'un... d'être de notre avis.

CONTAGIEUX. — Le vice, le mal sont contagieux. La vertu, le bien ne le sont pas. Et ce n'est peut-être pas précisément à l'éloge de l'humanité.

CONTEMPLATION. — La façon dont on regarde une Vénus... et même une bossue, quand on l'aime.

CONTEMPORAINES. — Des femmes qui ne tiennent pas beaucoup à se rencontrer, quand elles ont passé la quarantaine.

CONTENT, RAVI :

Content. — Un auteur dont la pièce a réussi.

Ravi. — Un auteur dont le « cher confrère » a eu un four.

CONTESTABLE. — Toutes les vertus... qu'on affiche. Celles qu'on a ne se trahissent qu'en s'exerçant.

CONTINENCE. — Une vertu dont la base principale est — l'anémie.

CONTRADICTION. — Moyen fort employé par les personnes qui n'ont pas d'idées, pour avoir l'air d'en avoir. Observez-les. Jamais elles n'ouvriront le feu. Mais dès que quelqu'un a émis une affirmation, elles lui opposent la contre-partie. Et de cette façon, non seulement elles dérobent le vide de leur cervelle, mais elles paraissent, au vulgaire, des esprits supérieurs, puisqu'elles donnent toujours tort à l'orateur !

CONTRASTE, OPPOSITION. — La base du roman, du théâtre, messieurs du Document. Mais c'est un instrument que vous avez bien raison de dédaigner ; car il est beaucoup plus facile d'en faire fi... que d'en jouer.

CONTRAT SOCIAL. — Je crois qu'il est heureux, pour son auteur, que sa réputation ne soit plus à faire.

CONTREBANDE. — Une contravention, une fraude, auxquelles se livrent avec la plus parfaite désinvolture, les personnes du meilleur monde ; qui n'ont pas assez d'anathèmes contre le malheureux qui vole un pain chez un boulanger.

CONTRÉE. — Un Mercadet réunit, un jour, ses chers pigeons et leur offre des actions pour une mine, d'une richesse inouïe, située dans une contrée inconnue.

Un des gogos les plus échaudés lui demande, timidement : — Existe-t-elle, au moins ?

Mercadet, avec indignation : — La mine ?

Le gogo, protestant du geste contre une pareille prétention : — Non !... La contrée ?

CONTRIT. — On est, généralement, moins contrit d'avoir commis une faute, que de s'être laissé pincer.

CONVENANCE. — Un mariage de convenance est, tout bonnement, une union où les époux ne se « conviennent » pas ; mais où les dots ont une véritable « inclination » l'une pour l'autre.

CONVERSATION (la). — C'est l'art de parler sans discourir et d'écouter sans interrompre. — Et qui s'en douterait ?

CONVICTION. — On en change souvent... et c'est, généralement, la seule façon de prouver qu'on en avait une.

CONVOI, ENTERREMENT. — Un prétexte comme un autre pour causer de ses petites affaires.

CONVOITISE. — Le paroxysme du désir. Et notre façon habituelle de désirer les choses.

CONVOLER. — Une rechute, incompréhensible.

COORDINATION. — Un petit supplice que nous infligeons parfois à nos idées, mais toujours en pure perte.

COPARTAGEANTS. — Des partageurs qui se considèrent, mutuellement, comme des « partageux » !

COPISTE. — Un personnage discret, qui aligne des mots, sans jamais se permettre de regarder ce qu'il y a dedans.

COQUETTE. — Une chandelle, qui finit toujours par se brûler... à un papillon.

CORBEAUX. — Je préfère de beaucoup ceux qui se contentent de « voler » dans l'air.

CORBILLARD. — « Moi, disait Cadet, je ne demande qu'une chose. quand je serai sur mon corbillard : c'est de le conduire moi-même ! »

CORDE SENSIBLE. — Voyez : Amour-propre et vanité.

CORDON. — Très demandé, en France, à son concierge, à un ministre ; mais beaucoup moins sollicité en Turquie.

CORNEILLE (Pierre). — Au temps où nous vivons, nous n'avons plus guère que des « Corneilles... » qui abattent des noix.

CORNETTE. —

Ah ! le bon vieux temps des cornettes !
Ah ! le temps béni des grisettes ;
Où Béranger chantait Lisette,
Où Murger inventait Musette,
Où l'on sortait d'une chambrette
Pour aller dîner sur l'herbette :
Où l'on dansait sur la coudrette,
Où l'on chantait à la guinguette,
Comme la joyeuse alouette ;
Le temps de la bonne franquette,
Du *ginglas* et de la piquette !...

CORROMPRE. — Qui faut-il mépriser le plus du
« corrupteur » ou du « corrompu » ?

Il est clair que, s'il n'y avait pas de « corrup-
teurs », il n'y aurait pas de « corrompus ». Mais il
n'est pas moins évident que, s'il n'y avait pas de
« corruptibles », il n'y aurait pas de « corrup-
teurs ».

On peut donc les mettre dans le même sac.

CORYZA. — « Comment, docteur, la médecine
n'a pas encore trouvé moyen de guérir le rhume
de cerveau ?

— Mon Dieu, madame, la seule chose que
nous ayons trouvée, jusqu'ici, c'est de l'appeler :
« coryza » !

COTILLON, VALSE. — Je serais bien étonné que
ce fût un mari qui les eût inventés.

COTON. — J'ai connu une roublarde qui s'en fourrait tellement, qu'on en était venu à la plaindre... de son embonpoint.

COUCOU. — Ancien véhicule qui « arrivait » quelquefois, mais qui ne « partait » jamais !

COUP. — Voilà un mot que l'homme ne laisse pas chômer : « coup de feu, coup de tête, coup de bec, coup de griffe, coup de langue, coup de poing, coup d'Etat... » Ah ! il a de l'ouvrage.

COUPÉ. — Une petite voiture qui conduit ces demoiselles au lac. d'abord ; puis... au landau.

COUPE-GORGE. — L'endroit d'où l'on vient, l'endroit où l'on va, celui où l'on est, celui d'où l'on sort (Paris, 1887).

COUR, ASSIDUITÉS. — Très dangereuses : elles deviennent, par leur disparition, la preuve de ce qui a été, après avoir été l'indice... de ce qui n'était pas.

COURBETTES. — Plante flexible qui fleurit particulièrement dans l'antichambre de monsieur le ministre.

COUREUR (un). — Plus il court, et plus il est « attrapé ».

COURONNE. — A l'heure présente, un bon bonnet de coton est infiniment préférable.

COURONNER (un roi). — Faire à autrui ce qu'on ne voudrait certainement pas qu'on nous fît à nous-même.

COURSES. — Il ne nous manque plus que d'en avoir, la nuit, aux flambeaux ; de même que, dans les théâtres, nous avons des représentations... de jour.

Dans ce cas, au lieu de casquettes, les jockeys porteraient des lampions de différentes couleurs, et on lirait sur les programmes : Robinson, casaque bleue, « flamme » rouge, etc.

COURT. — « Rester court » est encore un des plus sûrs moyens pour ne dire que la moitié d'une bêtise.

COURTISANES. — « Lorette » était plus gracieux ; « Cocotte » plus gentil ; et, quoique un peu long, « horizontale » est plus... pittoresque.

COUSINS, MOUSTIQUES, PUCES, PUNAISES. — Ces vilaines petites bêtes m'ont toujours fait supposer, ou qu'elles sont inconnues au firmament, ou que les anges ont la peau bien dure !

COUTEAU. — Ça ne va plus être la guerre au fusil, au sabre, s'écriait un Viennois, après Sadowa.... ce sera la guerre au couteau !

— Oui, dit Chavette ; mais... quand il y a une rivière !

COUTUME, USAGE, TRADITION, HABITUDE. —
La route... *de la Routine.*

COUTURIER. — Tailleur pour dames ; prélude
forcé des tailleuses pour hommes, que nous atten-
dons impatiemment.

CRAPULE. — Un cran au-dessous de « la ca-
naille », qui est elle-même un cran au-dessous de
la « populace ». Vous sentez ça d'ici.

CRÉANCIER. — Ça vaut encore mieux que d'être
« débiteur ». Car enfin on les rembourse quelquefois, les créanciers.

CRÉATION. — Il y aurait bien quelques critiques
à en faire. Nous y reviendrons, avec tout le respect qui est dû à son auteur.

***

Nous avons lu à Marseille, sur une affiche de
théâtre. Reprise de : « *Le Paradis perdu* », drame
en cinq actes.
Les rôles seront joués par les acteurs de la
« Création ».
C'était peut-être aller... un peu loin.

CRÉTIN. — Un imbécile... qui en est venu à ses
fins.

CREUSER. — Plus on creuse, moins l'esprit est

« creux ». Mais on creuse peu, mais on ne creuse pas.

CREVER. — Quand on « crève », c'est, le plus souvent, d'ambition, d'orgueil, d'envie, ou d'indigestion.

MM. les « crevés » ne m'inspirent donc qu'un intérêt de seconde classe.

CRITIQUE (la). — L'auteur relève de la critique et lui appartient, comme tel. Elle n'a le droit ni d'entrer dans sa vie privée, ni d'écrire des choses de nature à porter atteinte à son honneur ou à sa considération personnelle.

Mais elle a le droit indiscutable de le juger, dans les termes les plus énergiques, les plus sévères ; surtout quand son jugement est motivé. Elle a le droit de le railler, de le siffler, de le huer, avec la plume, comme le public a le droit de le conspuer, au théâtre.

Surtout, quand l'auteur est lui-même un bêcheur, un éreinteur, un... Zoïle.

CROISSANCE. — Un pas de plus, l'enfant est perdu : c'est un homme !

CROQUER. — Se dit particulièrement d'une noisette ou d'un héritage.

CROUP. — ... Pauvres mères !

CROUPIR. — Voyez : Vivre.

CUITE. — « C'est drôle, disait le père Trinque-fort, quand la rivière a trop d'eau, on appelle ça une « *crue* » ; et quand un homme a trop de vin, on appelle ça une « *cuite* » *!*

CUPIDITÉ. — Voyons, mon cher Rapineau, l'a-varice, cette bonne avarice ne vous suffit donc pas ?

CUPIDON. — C'est celui-là qui n'a pas besoin de mitrailleuse pour coucher le monde sur le dos (Gavroche) !

CYNISME. — Franchise de pourceau.

D

DADA (manie). — Une monture, qui nous monte; et qui va toujours droit devant elle, à travers champs, à travers choux. Une espèce de bélier breton.

DADAIS. — Un nigaud ;· pas tout à fait un imbécile, mais un candidat qui a des chances.

DAMERET. — En somme, ça vaut encore mieux que d'être un rustre et un malotru.

DANGER. — On est rêveur, en y allant ; on trouve le temps un peu long, quand on y est ; mais comme c'est bon, quand on en revient.

DANSER. — Avoir l'air d'accomplir un vœu, d'aller au martyre ou à l'échafaud.

DÉBALLAGE. — Plus il cause de déception, plus c'est glorieux... pour M. Worth !

DÉBAPTISER (une rue). — C'est un peu bébête,

mais, en somme, ça vaut encore mieux que de la brûler.

DÉBAUCHÉ. — Ça, c'est son affaire. Mais le malheur, c'est qu'un débauché est forcément un « débaucheur ».

DÉBOIRE, DÉCEPTION. — Un des breuvages que la Vie nous verse le plus libéralement.

DÉCADENCE DE L'ART. — Un cri, que la critique de tous les temps a poussé à toutes les époques ; une trique avec laquelle elle n'a jamais cessé d'éreinter le présent au profit du passé. Et la raison en est bien simple : à quoi bon cogner sur les morts, puisqu'ils ne sentiraient pas les coups ?

DÉCAPITATION. — Une des recettes les plus simples... contre la « récidive ».

DÉCENT, DÉCENTE. — Une vieille garde disait, en parlant d'une contemporaine : — Quand elle était jeune, elle avait tellement de pudeur et de décence, qu'on l'avait surnommée : « *La décente...* de la Courtille ! »

DÉCHIRER (son prochain). — C'est plus savoureux, sans doute ; mais le « mordre » nous paraît une joie suffisante.

DÉCIMAL (système). — On parle d'appliquer une langue universelle, quand on n'a pas encore pu, même en Europe, adopter le système décimal et l'unité monétaire... Il est vrai qu'au moyen de cette unification, on ruinerait MM. les changeurs... et j'avoue que ce serait affreux!

DÉCIMER. — Nous demandions, un jour, à un voyageur qui revenait du Brésil : — Comme tu es maigri ! Est-ce que tu as été malade ?

— Ah ! mon ami, j'ai été *décimé* par la fièvre jaune !

Le pauvre homme !

DÉCISION, RÉSOLUTION. — Des fleurs qui ne poussent... que dans les dictionnaires.

DÉCLARATION D'AMOUR. — Mauvais moyen. Pas de mots. Des gestes ! La pantomime !

DÉCONTENANCER QUELQU'UN. — On peut décontenancer un homme instruit ou modeste; mais un fat ou un ignorant, jamais !

DÉCRÉPITUDE. — « Préserve-m'en, sainte Apoplexie ! »

DÉDALE. — Ton cœur, son cœur, leur cœur.

DÉDIRE (se). — On s'engage souvent rien que pour se donner ce plaisir-là.

DÉDUCTION. — L'imagination, par A + B.

DÉFÉRENCE. — Nous en avons beaucoup pour : Vénus, Bacchus et Plutus.

6

DÉFIANCE. — Un des fruits de l'Expérience, et que, par suite, on ne mange guère que quand on n'a plus de dents.

DÉFIER. — Quand vous voudrez faire faire une sottise à un imbécile, oh! le moyen est bien simple : défiez-le de la faire; c'est comme si ça y était !

DÉFUNT. — Un ange, une perle, un phénix !... à la condition qu'il ne renaisse pas de ses cendres !

DÉGAGER, REPRENDRE SA PAROLE. — Comment, vous donnez votre fille à un autre, quand vous m'aviez donné votre parole ?

— Eh bien, oui, je-vous ai donné ma parole, et je lui donne ma fille... Je ne peux pas tout donner au même !

DÉGAINE. — « La tournure d'une jolie femme » au dire de toutes les laiderons.

DÉJAZET. — Sainville à Grassot : — En quelle année Déjazet est-elle née? — Déjazet? Elle est née en l'an... de rirette : elle est née en l'an... de rira !

DEGRÉ. — Emile Augier, montrant du geste à Ponsard le splendide escalier d'une courtisane : « Ainsi que la vertu, le vice a ses degrés ! »

DÉGRINGOLER. — Façon de descendre chez les peuples en décadence.

DÉGROSSIR UNE PAYSANNE. — Opération qui consiste d'abord, le plus souvent, à la rendre « grosse ».

DÉGUEULER. — (Pardon, chère lectrice…) Avoir une indigestion… à Médan.

DÉGUISER (se). — Se montrer parfait, en tout point.

DÉISME. — Le faux nez de « l'athéisme ».

DÉLATION. — Le comble de l'indiscrétion.

DÉLICATESSE. — Nous sommes le premier à reconnaître que c'est trop demander, aujourd'hui; un peu de « probité » nous suffirait.

DÉLINQUANT. — Un homme qui n'a commis qu'un « délit? » Mais c'est à l'envoyer en prison, pour lui apprendre à élargir son vol !

DÉMAGOGUE. — Un soiffard de populacerité.

DEMAIN! — L'excuse de notre paresse de la veille.

DÉMENCE. — Une *folie*… plus avérée qu'une autre.

DÉMOCRATIE. — C'est, parfois, l'horreur du despotisme… poussée jusqu'à la tyrannie !
Un singulier fruit, d'ailleurs : souvent pourri, jamais mûr.

DENT. — « Votre belle-mère me semble avoir une dent contre vous ?

— Une dent ? C'est bien tout un râtelier ! »

DENTISTE. — C'est à n'y pas croire, mais c'est authentique. Un collégien, dont les dents étaient en fort mauvais état, avait obtenu de son proviseur la permission d'aller chez son dentiste, jusqu'à parfaite guérison, pendant la récréation de midi.

Il rentre un jour en retard de cinq minutes.

— Vous êtes en retard, lui dit le proviseur.

— J'ai été forcé d'attendre quelques instants.

— Ça ne me regarde pas !... Privé de dentiste !

« Privé de sangsues ! » dans une autre occasion, eût été encore plus homérique.

DÉPAYSER, DÉROUTER. — Un menteur, un Normand, un diplomate ont un moyen certain d'arriver à ce but : c'est de dire, tout bonnement, la vérité.

DÉPÊCHE TÉLÉGRAPHIQUE. — Elle arrive... parfois, presque aussi vite qu'une lettre ; mais il ne faut pas s'y fier.

DÉPENSER — C'est le verbe le plus actif que je connaisse.

DÉPLAIRE. — Nous avons, presque toujours, un moyen certain pour obtenir ce résultat : c'est d'être sincères, c'est d'être nous-mêmes.

DÉPRAVATION DU GOÛT. — Une charmante maladie : elle fait croire à ceux qui en sont atteints que ce sont les autres qui sont malades.

DE PROFUNDIS. — On le comprend de plusieurs façons. Nous avons vu sur une épitaphe :

« Il laisse à sa famille *des profundis* regrets ! » (Textuel.)

DÉPUTÉ. — Il peut avoir son avis, sur toute chose. Mais il lui est généralement défendu « de le partager ».

DÉRACINER. — On déracine des arbres, des plantes, et parfois même des qualités. Quant aux vices, on ne *déracine* jamais les anciens... mais *on s'en plante* volontiers de nouveaux.

DÉRANGER (se). — « Depuis un mois, mon mari n'est allé, ni au club, ni aux courses, ni chez Amanda... Il se dérange ! »

DÉRIVATIF. — Vous aimiez Tata, qui est maigre comme un clou, et vous voulez trouver un dérivatif à cette passion ? Aimez Nana, qui est plus maigre encore. Un « clou » chasse l'autre.

DÉROGER. — En être réduit à *faire* le foulard quand, jusque-là, on avait *fait*... la montre.

DERRIÈRE (le). — Un euphémisme, dont le Naturalisme a fait bonne justice.

DÉSAPPOINTEMENT. — Un exemple : Saint-Al-

6.

phonse a épousé une jeune fille, pauvre, mais d'une merveilleuse beauté. Il la laisse seule, avec le Nabab de Zanzibar, et il apprend, à son retour, qu'elle a flanqué le Nabab à la porte. — Désappointement !

DÉSARMEMENT. — Oh ! oui ! Et le plus... tout de suite possible !

DESCRIPTION. — L' A, B, C ; le pont aux ânes du romancier, comme nous l'avons déjà dit ; et, par conséquent, les choux gras du documentisme.

DÉSENCHANTEMENT, DÉSILLUSION. — La réalisation de nos rêves.

— Ah ! ma chère, disait une veuve à une de ses amies, crois-moi, le veuvage n'est qu'un « désenchantement » comme un autre !

DÉSERT. — Tout endroit où l'on s'ennuie ; si grouillant qu'il puisse être.

Et, par contre, si vous voulez faire un paradis d'un désert : emmenez-y Lisette et Pylade !

DÉSHONNEUR. — A Trouville une jeune veuve, qui n'a pas envie de convoler, mais qui n'a pas renoncé pour cela à Vénus et à ses œuvres, disait à une de ses amies :

— Depuis huit jours, j'ai reçu, en tête à tête, et dans mon peignoir de dentelles... (ô ce peignoir!), j'ai reçu Paul, Octave, Gaston, Raoul ; enfin, toute la haute gomme d'ici. Eh bien ! ma chère, je suis

« déshonorée !... » Ils m'ont tous demandé... ma main !

DÉSINTÉRESSEMENT. — Ces mots-là font toujours bien dans un vocabulaire. Ils sont d'une application assez rare ; mais ils sont étoffés et décoratifs.

DÉSIRS. — On les prend, parfois, pour des réalités... Et l'on a bien raison ! Ils leur sont souvent préférables. Ainsi, pour un écolier, le vrai dimanche, c'est le samedi !

DÉSIRER. — « Que désire-t-on le plus ? Oh ! mon Dieu, c'est bien simple : tout ce qu'on n'a pas.

Ce qu'on a, la santé, la fortune, c'est acquis, c'est l'air ambiant ; ça ne compte pas ! Ce qui compte, alors, c'est la députation, l'académie, la croix... quand on n'est ni décoré, ni député, ni crucifié.

DÉSOBÉIR. — C'est la plus grande preuve... « d'obéissance » que nous puissions donner à notre instinct.

DÉSŒUVRÉ. — C'est un bâillement perpétuel — et contagieux.

DESSEINS, PROJETS, BONNES INTENTIONS. — Des fruits de la veille, qui n'ont jamais de lendemain.

DESSERRER. — Ne pas « desserrer les dents » est, certainement, le plus sûr moyen, si ce n'est le seul, de ne jamais dire de sottises.

DESSERT. — Le moment du repas où l'on mange, pour boire.

DESSILLER (les yeux de quelqu'un). — Tout ça, c'est des mots d'auteur ; ça se dit ; mais ça... ne se fait pas.

DÉTAILS. — Quand madame votre épouse vous dit, sans rime ni raison, qu'elle est allée à tel endroit ; qu'elle y est restée tant de temps ; qu'on y a dit telle et telle chose, etc... dites-vous tout de suite qu'elle est allée... chez Georges ou chez Gontran... à moins qu'elle ne soit allée chez les deux !

DÉTESTABLE. — Une chose qu'on *devrait* détester.

DEVANCER SON ÉPOQUE. — Si vous voulez passer pour un idiot, vous n'avez qu'à faire ça. — surtout si vous êtes dans le vrai.

DÉVIATION, PROÉMINENCE. — Façon de désigner la bosse de Mlle Million.

DEVIS. — « Il grandira, il grandira, il grandira — sans qu'il soit Espagnol ! »

(Air connu.)

DÉVOILER. — C'est rarement quelque chose de bien propre.

DEVOIRS. — Des « devoirs ?... » Des « droits » tant qu'on voudra ; mais des devoirs ?... jamais ! N'est-ce pas, citoyen ?

DÉVORER. — C'est la façon dont il faut lire les romans documentistes — à seule fin qu'il n'en reste rien.

DÉVOTION. — Les invalides de la galanterie.

DIALECTIQUE. — Moyen de prouver qu'on peut déraisonner, en raisonnant.

DICTIONNAIRE. — Un gros livre, où l'on ne trouve jamais ce qu'on cherche. Sans doute par suite de la modestie des lexicographes, qui ne veulent pas avoir l'air d'en savoir plus long que le commun des mortels.

DIÈTE. — Quelqu'un disait à Christian qu'autrefois, en Pologne, on faisait six repas par jour. — Vraiment, répondit-il avec étonnement, un pays si célèbre par ses diètes !

DIEU. — Loin de moi la pensée de le nier.
Je dirai, au contraire, comme Labiche, un jour, à un libre penseur : « Moi, le bon Dieu, c'est mon homme. » Mais qu'il me permette quelques questions respectueuses.
Pourquoi ne m'a-t-il pas réparti, aux mêmes de-

grés, le sentiment de mes avantages et de mes infirmités ; de ma bonne et de ma mauvaise fortune ;
de mes joies et de mes douleurs ?

Est-ce que jamais on a entendu un homme bien
portant, riche à millions, s'écrier : « Dieu ! que
je me porte bien ! Dieu ! que je suis riche ! Dieu !
que je suis heureux ! » Jamais, n'est-ce pas ?
Mais, en revanche, est-ce que nous n'entendons
pas, sans relâche, les disgraciés s'écrier, en gémis-
sant : « Ah ! que je souffre ; ah ! que je suis pauvre ;
ah ! que je suis malheureux ! »

Si Dieu me faisait l'honneur de m'objecter qu'il
n'a jamais empêché les heureux d'avoir la conscience de leurs avantages et qu'il n'a, par contre,
jamais forcé les déshérités à sentir si vivement
leurs infortunes... je lui répondrais, avec tout le
respect qui lui est dû : que, si les choses se passent
de la sorte, c'est que l'homme a été ainsi fait ; et
que c'est infiniment regrettable.

Je lui demanderai, aussi, pourquoi le sommeil
qui, pour l'affligé, pour le malheureux, est la seule
trêve à ses maux, à ses souffrances ; pourquoi,
faute d'en avoir le sentiment, cette trêve de la vie
n'est-elle pour lui qu'un bienfait et qu'un bonheur
négatifs ? Pourquoi ne « sent-il pas » qu'il dort,
quand il a senti si cruellement qu'il veillait ?

DIFFÉRER. — Non, ne différez pas. Ce qui est
fait n'est plus à faire.

DIFFICILE. — Tout est difficile ; excepté pour les
infatués et les sots.

DIFFORMITÉS. — Autant les difformités physiques, dont on n'est pas responsable et qui ne font de tort qu'à nous-mêmes, sont un objet de mépris et de risée ; autant les difformités morales, qui sont nuisibles au prochain, nous trouvent faciles et indulgents. C'est absurde et, par conséquent, bien humain.

DIGÉRER. — Ne s'applique guère qu'aux aliments du corps.

DIGESTION. — Opération à laquelle il est toujours doux de se livrer, si pénible qu'elle puisse être. — Cela prouve, du moins, qu'on a dîné.

DIGRESSION. — C'est le contraire de l'île escarpée de Boileau :

« On n'en peut plus sortir, lorsque l'on est dedans ! »

DIGNITÉ. — Un moyen de marcher sur les pieds des autres, sous prétexte de ne pas se laisser marcher sur les siens.

DINDE. — « Dis donc, Raoul, qu'est-ce que tu me conseilles de donner à ma dinde, pour ses étrennes ?

— Dame, donne-lui une broche ! »

DIPLÔME. — Si vous êtes pauvre, allumez votre pipe avec ; puis, achetez une blouse et allez faire votre stage... chez un fumiste ou un chaudronnier.

DIRECTOIRE (le). — Le commencement de la fin.

DISCERNEMENT. — Le bon sens en action.

DISCORDE. — Une déesse qui transporte, parfois, ses pénates place de la « Concorde ». La maison au coin du quai.

DISCOURS. — Souvent « rempli », rarement « plein ».

DISCRÉTION. — Voulez-vous pouvoir y compter ? Il n'y a qu'un moyen : ne confiez jamais de secrets à personne.

DISSOLU, DÉBAUCHÉ. — Tu es donc bien riche ?

DISTILLER. — S'applique d'ordinaire à une méchanceté.

DISTINCTION. — Tu peux être beau, bien fait, mon cher Gugusse. Mais « distingué », je t'en défie !... Oh ! ne cherche pas à le devenir : ça ne s'apprend pas ; et, de vulgaire, tu deviendrais grotesque.

DISTIQUE. — Deux vers, dont l'un est souvent de trop... et l'autre aussi !

DIVAGUER. — Causer, discourir.

DIVANS. — Les faubourgs de l'alcôve.

DIVINITÉ. — Voyez : Ventre.

DIVORCE. — Un progrès. Enfin !

DOCUMENTISME. — « Pourquoi cette guerre acharnée contre ce pauvre Documentisme ?
— Ce n'est pas une guerre. C'est du balayage. C'est une simple mesure de salubrité littéraire. »

DOIGT. — Eviter de se le mettre dans le nez; et, surtout, dans l'œil.

DOMINOS. — Je serais bien curieux de savoir si jamais un chien savant a témoigné, de lui-même, le désir de jouer à ce noble jeu. Ça m'étonnerait bien.

DOMPTER. — Prouver à un fauve qu'on est plus rusé ou plus féroce que lui.

DONATION. — Genre de pêche où le succès dépend de la finesse de l'hameçon.

DONZELLE. — Une fille... qui n'est plus une demoiselle.

DORMIR. — Un « bonheur » qui serait une « joie » si on en avait le « sentiment ».

DOT. — La demoiselle peut-être maigre, pourvu que la dot soit dodue.

DOUCEREUX. — J'aime bien autant ça qu'un butor. Non, au fait : j'exècre encore moins le butor !

7

DOUCHES. — Si l'on en administrait à tous ceux qui en ont besoin, il faudrait faire venir de l'eau du Volga et du Mississipi !

DOUILLE. — La seule monnaie qui ait cours en Médanie.

DOULEUR, REGRET. — Un médecin disait un jour devant une femme, qui venait de perdre son fils unique :

— La douleur est, en somme, un bonheur rétrograde ; et le regret est un plaisir... amer, mais incontestable.

— Et vous osez dire cela, devant moi ! s'écrie-t-elle avec indignation.

— Parfaitement ; et vous allez, vous-même, en fournir la preuve.

Se levant alors, et s'avançant lentement vers elle :

— Si j'étais doué d'un pouvoir surnaturel, et s'il me suffisait de vous toucher le front du doigt, pour en arracher à jamais le souvenir de...

Au geste qu'il fit en parlant ainsi, la jeune femme se rejeta vivement en arrière, en poussant un cri, et en portant les deux mains à son front.

— Vous voyez donc bien que j'avais raison, dit le docteur, en retournant à sa place. Vous voyez donc bien que la douleur même a son charme. Et que si le « regret » est un reproche que l'on fait au présent, c'est un sourire que l'on adresse au passé. ·

DOUTE, INCERTITUDE. — Un sexagénaire se plaignait à un de ses amis, plus jeune que lui de quelques années, d'avoir payé à Vénus son dernier tribut.

— Heureux mortel! s'écrie l'autre; vous, au moins, vous n'avez plus les angoisses de « l'incertitude » !

DUEL. — Il n'est qu'un moyen de le supprimer : au lieu de s'acharner à vouloir punir le « combat », ce qui n'a jamais servi de rien, punissez « l'outrage » ; et punissez-le sérieusement. Alors, le jour où la Loi nous vengera véritablement, on ne sera plus assez naïf pour s'exposer à se faire tuer, par-dessus le marché, par un spadassin ou par un goujat.

DUO. — Moins féroce qu'un trio, mais encore plus méchant qu'un solo.

DUMAS FILS (Alexandre). — Au demeurant, il est encore le meilleur ouvrage de son père, qui en a tant fait d'excellents. Sans parler de ce drame si poignant de l'amour et de la jeunesse : *La Dame aux Camélias*, qui sera éternellement jeune et éternellement vrai ; sans parler du savant géographe, qui a si bien délimité *Le Demi-Monde ;* sans parler de l'Aristide Fressard, du *Fils naturel*, à qui Molière a dû envoyer de là-haut son plus doux sourire ; ni du Jean Giraud, de *La Question d'argent*, qui est, à lui seul, toute une époque ; ni de ce feu d'artifice qu'on appelle *Francillon*, une rose du Bengale, poussée sur la neige ; sans parler, enfin, de l'ensemble de son œuvre, et si pim‑ pante et si humaine ; nous dirons que, n'eût-il fait que cette *Visite de noces*, si courte, mais si remplie, Alexandre Dumas fils eût compté parmi les peintres les plus vrais, les plus puissants et les plus personnels de notre triste humanité.

DYNAMITE. — La reine, messieurs !

DYNASTIE. — Archaïsme qui a été conservé dans les dictionnaires, pour servir à l'intelligence de l'histoire ancienne.

E

ÉCARTÉ (jeu de l'). — Deux bons bourgeois, sortant d'un casino : Impossible de jouer là dedans, il y a trop de grecs !

— Si, au moins, on les connaissait... on parierait pour eux !

ÉCHO. — Histoire de prouver qu'il y a des plagiaires, en tout genre.

ÉCLECTIQUE. — Eh bien, oui, soyons éclectiques : soyons classiques, romantiques ; soyons Rabelaisiens, Shakespiriens, Voltairiens... mais n'allons pas, pourtant, jusqu'à être Documentistes ! — Tout, excepté ça !

ÉCLIPSE. — Nous avons, parfois, des éclipses de lune, de soleil, le plus souvent partielles. Mais nous avons, surtout, des éclipses complètes de raison et de bon sens.

ÉCLUSE. — Voyez : Corset.

ÉGLOGUE. — Ça repose un peu... de *Potbouille*.

ÉCOLIER. — On l'est à tout âge, N'est-il pas vrai, mon cher Coquardeau ?

ÉCONOMIE POLITIQUE. — Une économie dont nos économistes sont, peut-être, par trop économes.

ÉCOUTER. — Nous avons des professeurs de diction, de déclamation. Quand donc aurons-nous des professeurs... de silence ? Des professeurs qui apprennent aux sots à savoir se taire et à savoir écouter.

ÉCRASER. — Écrasez donc, cochers, et allez-y gaiement... puisque le patron est assuré contre les accidents !

Et à ce propos, pourquoi n'assurerait-on pas aussi les citoyens contre l'écrasement... par l'impôt ?

ÉCRIRE. — Quand quelqu'un vous dit, en parlant d'un ouvrage : « C'est très bien écrit... » méfiez-vous ! C'est qu'alors c'est *trop* écrit.

Il en est du vrai style comme des honnêtes femmes : on n'en parle pas.

ÉCRITOIRE. — L'encrier de l'Hôtel de Rambouillet.

ÉCRIVAIN. — Ne pas confondre avec « écriveur ».

ÉCROUELLES. — Le docteur Véron, qui était affligé de cette infirmité, disait à Roger de Beauvoir :

— J'ai vu le comte de Chambord à Goritz ; et, quoique je ne sois pas son partisan, il m'a si bien reçu que j'en ai été « touché ».

— Alors, vous êtes guéri ! s'écrie Roger, en riant.

ÉCUME. — Ce n'est pas dangereux, quand on ne craint pas se servir de « l'écumoire ».

ÉCUREUIL. — Un oiseau, sans plumes.

ÉCURIE. — Je connais bien des bipèdes qui n'y seraient pas déplacés.

ÉDUCATION. — Oui, c'est convenu, « elle nous corrige, elle nous change, elle nous transforme ! »

— Eh ! bien, non, elle ne nous « change pas » ; elle nous « modifie » quelquefois. Elle ne nous « transforme pas » ; elle nous « rabote » ; elle peut nous « polir » un peu ; mais elle ne fera jamais que du sapin soit du poirier, ni que du sureau soit du chêne.

— On est ce qu'on naît.

— De quoi corrige-t-on les enfants, et seulement pour un temps ? Des défauts apparents, palpables. Des défauts dont ils savent qu'on les punirait : de la rébellion, de la taquinerie, de la turbulence, d'un excès de paresse... Enfin, des travers pour lesquels ils seraient privés de dessert, ou gratifiés

de calottes, s'ils n'avaient pas le bon sens de s'en
défaire, ou l'hypocrisie de les cacher. Sans
compter que tous ces instincts, qui n'ont été que
muselés, n'aboieront que de plus belle, le jour où
il faudra bien enlever la muselière et ouvrir la
porte de la niche.

Mais les travers intimes, invisibles à l'œil nu
et qu'il leur est loisible de dérober ; les travers
qu'ils n'ont pas encore, qui ne sont pas de leur
âge et qui ne naissent ou ne se révèlent que dans
la grande bataille de la vie : l'orgueil, l'ambition,
l'avarice, la rapacité, l'intempérance, le démon du
jeu ; la lâcheté, la débauche, le despotisme, le fanatisme, et... LE DOCUMENTISME !...

Quelle éducation aura pu empêcher l'existence,
et prévoir, surtout, l'éclosion de toutes ces fleurs
du mal ? Et quel est donc le Nostradamus, le Men-
tor assez infatué pour prétendre deviner, d'abord,
et cautériser, ensuite, toutes ces lèpres, tous ces
ulcères?

On oublie toujours, quand on dit qu'il faut donner
« une bonne éducation » aux enfants, que cette éducation leur est administrée par des *hommes*, c'est-à-
dire par d'autres infirmes, qui, eux-mêmes, auraient besoin d'apprendre, d'abord, ce qu'ils ont
l'infatuation d'enseigner.

Et, d'ailleurs, ce n'est pas dans le sein de sa
famille que l'on puise vraiment l'éducation ; elle
est surtout la résultante du climat, du pays, de
l'époque, des mœurs, du milieu, de l'air ambiant
où le hasard nous a semés. Et voyez-vous, aujour-

d'hui, au xixe siècle, en France, à Paris... ! voyez-vous un père ayant la prétention d'empêcher ses fils de passer leur vie à la bourse, aux courses, au cercle, au cirque ; dans les tripots, dans les bouibouis ; au bric-à-brac, au lac et au bac ? D'être, enfin, des jouisseurs affolés, assoiffés de luxe et de plaisir.

EFFROI, ÉPOUVANTE. — Contentez-vous d'avoir peur, mon brave, c'est plus que suffisant.

EFFRONTÉS. — Nous pensions qu'Emile Augier nous en avait délivrés.
— Il paraît que non.

ÉGOÏSME. — Un bonnet... de « soi ».

ÉLECTEUR. — C'est, parfois, une espèce d'animal qui vote comme un homme. — Et réciproquement.

ÉLÉGANCE. — C'est déjà bon signe pour le reste.

ÉLÉMENTAIRE. — Se dit des vérités tellement évidentes qu'on n'a pas besoin de les indiquer. D'où il résulte qu'il est absolument inutile de vouloir les apprendre à ceux qui les ignorent ; puisque le seul fait d'avoir à les leur enseigner prouve qu'ils seraient incapables de les comprendre.

ÉLÉPHANT. — Il avait commencé à lire *Nana*.

7.

Mais sa pudeur naturelle ne lui a permis de con-
tinuer.

ÉLISA. — En voyant s'élever la tour de Babel,
Dieu dit à l'homme : « Tu n'iras pas plus haut ! »
En voyant tomber *La fille Elisa*, il dit à la litté-
rature humaine : « Tu n'iras pas plus bas !... »

ÉLITE. — N'ayez pas l'air d'en être. Ce n'est
plus une recommandation — au contraire.

ÉMAIL. — Une peau... de biche.

ÉMARGER. — Moi ! moi ! moi !... Et les miens !!!

EMBARRAS. — On en « fait », on en « cause ».
On en éprouve aussi, quelquefois.

EMBUSCADE. — Un coup de maître, quand on en
est l'auteur.

Un guet-apens, quand on en est la victime.

ÉMEUTIERS. — Eh ! bien, et l'urne, citoyen ?
A c't'urne, tout de suite !

EMMÉNAGER. — C'est bien ennuyeux. Mais
c'est, vraiment, la seule chose qu'il reste à faire...
quand on vient de « déménager ».

ÉMOUSSER. — La sensibilité, quand on en a,
s'émousse à la longue. C'est le contraire de la
« dureté de cœur », qui ne fait que s'aiguiser sur
la meule du temps.

EMPIÉTER. — Façon de voisiner, en Normandie.

EMPIRE. — Il est un moment où l'on finit par prendre de l'empire sur ses passions : c'est quand on n'en a plus.

EMPUANTIR, EMPOISONNER, INFECTER. — Opération à laquelle on se livre trop fréquemment, aujourd'hui..., dans le format in-18.

EMPYRÉE. — Un ciel... d'alcôve !

ÉMULE, RIVAL. — Ah ! s'il ne s'agissait que de souffler dessus pour s'en débarrasser... quel abatis ce serait, mon Dieu !

ENCANAILLER (S'). — Dans ce cas-là, on ne « s'encanaille pas »... On ne fait que « s'appareiller ».

ENCENSOIR. — « Inutile qu'il soit grand, disait une Excellence, avec modestie... Il suffit qu'il soit toujours plein !

ENCHAÎNEMENT. — S'applique plus souvent aux faits qu'aux idées.

ENCHANTEUR. — Le monsieur, qui ne cesse de dire à la dame :
— Dieu ! que tes yeux sont grands ! que tes pieds sont petits ! que tes cheveux sont longs ! que tes dents sont courtes !... etc.

ENCLAVE. — « Petit poisson deviendra grand ! »
(La Fontaine.)

ENCLIN. — Enclin ?... Alors, c'est comme si ça
y était !

ENCLOUER. — « Oh! oui, messieurs les artil-
leurs, enclouez ; vous n'enclouerez jamais trop ! »

ENCOLURE. — « Je ne m'y laisse plus pincer ! »
(Aspasie.)

ENCORE. — *Héloïse* : « Encore, encore ! »
Abeilard, d'une voix plaintive :
— Je ne demanderais pas mieux !

ENCRE. — Pauvre innocente, que de crimes tu
Leur fais commettre !
A bon entendeur...

ENCRIER. — Petite fosse. que l'on vide tous les
huit jours.
A bon entendeur...

ENCYCLOPÉDIQUE. — On disait d'un ignorant,
qui parle de tout à tort et à travers : Ce diable
de X... il est d'une ignorance... « encyclopédique ! »

ENDURCIR (S') (le cœur). — Eh! bon Dieu, qu'est-
ce que ce sera donc, alors ?

ÉNERGUMÈNE. — Méfiez-vous, surtout, d'un
énergumène... froid.

ENFANCE. — Etat qui commence à notre berceau ; qui s'accentue jusqu'à 60 ans ; et qui, alors, ne va plus qu'en s'aggravant.

ENFANT. — Oui, mon chérubin, je sais que tu n'es encore que désobéissant, volontaire, hargneux, taquin, têtu, gourmand, paresseux, capricieux, glorieux, envieux, méchant, bête et capon.

Mais je sais aussi qu'il y a de belles chances pour que, plus tard, tu deviennes libertin, sot, fat, ivrogne, avare ou prodigue, ambitieux, intrigant, intolérant, fanatique, politicien... et Documentiste !

ENFER. — Un lieu de délices, où l'on ira, enfin, se reposer un jour, sur le sein de Proserpine, de la vie terrestre et de l'humanité !

ENFOURCHER. — On enfourche un cheval. Mais ce qu'on enfourche, de préférence, c'est un « dada ».

ENGAGEMENT. — La foule, en chœur : « Comment s'y soustraire ? »

ENGUEULEMENT. — Musique de *Chambre.*

ÉNIGMATIQUE, PROBLÉMATIQUE, APOCALYPTIQUE. — Le document humain.

ENJÔLEUR. — C'est le plus souvent un jobard, qui se prend pour un « enjôleur » ; quand c'est lui qui est l'enjôlé.

ENNUI. — Heureux les « ennuyés !... » Cela prouve qu'ils n'ont pas de « chagrins ! »

ENORME ! DIFFORME ! INFORME ! — Toute femme qui n'est pas un squelette, au dire de celles qui n'ont que la peau et les os.

ENSEIGNE. — « Bon vin n'a pas d'enseigne, » dit le proverbe. C'est possible. Mais ce qui est certain, c'est qu'il y a rudement d'enseignes... qui n'ont pas de bon vin !

ENSEIGNER. — Inculquer à un autre ce qu'on devrait souvent commencer par apprendre soi-même.

ENTERREMENT. — Fin de lettre d'une provinciale à une de ses amies : « Enfin, ma chère, tous les jours, des *enterrements* magnifiques... je m'amuse énormément !

ENTOURAGE. — Un cadre, qui ne saurait être trop épousseté.

ENTRECHAT. — « Plus haut !... » disait un sourd.

ENTRETENUE (femme). — Ce ne sont pas celles qui coûtent le plus cher.

ENTREVOIR. — Notre façon habituelle de voir toute chose.

ENVELOPPE. — Vous la soumettez à la vapeur

d'eau bouillante, mon cher Bartholo; vous vous dites ensuite : Au moins, maintenant, je suis sûr de mon affaire.

Et ça vous fait une belle jambe !

ENVIE. — Un jour de *souffrance*, sur le bonheur du voisin.

ÉPÉE, SABRE. — Des cure-dents, aujourd'hui !

ÉPHÉMÈRE. — Certains insectes névroptères; la popularité; le Documentisme ; etc.

ÉPIDÉMIE. — Une maladie toute particulière : plus elle « court, » mieux on l' « attrape ».

ÉPIGRAMME. — Cravache littéraire.

ÉPINES. — Si, au moins, toutes avaient des roses !

ÉPINGLE (coups d'). — C'est ça qui fait souvent de grands trous, à la longue !

ÉPITAPHE. — Gaieté funèbre.

Quelques échantillons authentiques :

« — Ici repose mon épouse adorée.

« O vous, qui avez aussi une épouse dans ce cimetière, venez, par la même occasion, verser un pleur sur la mienne ! »

« — Ci-gît Bernard X... petit libre penseur, décédé à l'âge... de *deux ans*. »

« — Ci-gît monsieur Z..., regretté d'*une partie* de sa famille. »

Et, dans le même ordre d'idées, une veuve demande à son marbrier : Que faut-il mettre sur la tombe de mon mari ? « qu'il repose en paix ? » ou : « *Requiescat in pace ?* »

— « Qu'il repose » est très mettable, répond le marbrier ; mais « *Requiescat* est, peut-être, plus *habillé !* » etc., etc.

ÉPITHALAME. — Vieille et charmante coutume, disparue avec la romance, avec la chanson à boire... et remplacée par la grrrande musique ; par la chanson... à bâiller.

ÉPITHÈTES. — Très employées comme chevilles — et comme invectives.

ÉPOQUE. — Si la nôtre ne « fait pas époque » dans les fastes de la gaieté française, c'est que le rire sera remonté au ciel.

ÉPOUSE. — Une dot.

ÉPREUVE (mettre quelqu'un à l'). — Si vous avez déjà de la personne une mauvaise opinion, c'est tout à fait superflu.

Si vous en avez une bonne, c'est une bien grande imprudence de votre part.

ÉQUILIBRE (européen). — On le cherche... depuis que l'Europe existe.

ÉQUITÉ. — Je vois bien ce mot dans le dictionnaire, mais pourquoi n'en sort-il jamais ?

ERCKMANN-CHATRIAN. — « Aimez-vous leurs ouvrages ?

— Oh ! assurément. Mais c'est si joli, si joli... qu'on a toujours peur qu'il n'arrive quelque chose !

ÉQUIVOQUE. — Il a cela de bon, au moins, le Documentisme. Chez lui, ou c'est incompréhensible, ou l'on ne comprend que trop. — Mais jamais « d'équivoque ».

ÉREINTEMENT. — Procédé critique que M. de Médan applique à tout ce qui domine, à tout ce qui plane...

ERGOTER. — Voyez : Plaider, causer politique, littérature,

ERMITE, SOLITAIRE, ANACHORÈTE. — Un homme qui vit tout seul, avec lui-même.

Il est donc bien content de lui ? et alors il se connaît donc bien peu ?

ÉRUCTATION. — Soupir de Documentiste.

ESCAPADE. — Petit nom d'amitié que l'on donne à toutes les turpitudes, à toutes les infamies — du Benjamin.

ESCLAVE. — Un lâche... qui a trouvé chaussure à son pied.

ESPÉRANCE. — Un désir qui commence à s'arrondir. Le plus divin cadeau que le ciel ait fait à la Terre, même quand elle ne doit être qu'une illusion.

ESPRIT. — Je ne sais pas s'il « court les rues » comme on le dit ; mais ce que je puis affirmer, c'est que le bon sens est sédentaire.

ESTHÉTIQUE. — La recherche du beau. Je tâcherais bien d'expliquer ce que c'est à l'auteur de *Nana*, mais je craindrais trop qu'il ne me demandât, si ça se mange ou si ça va sur l'eau.

ESTIME. — Une bonne opinion, qu'on n'a guère que de soi-même, et généralement, bien mal placée.

ÉTABLE. — Endroit où on loge les bestiaux : vaches, moutons, pourceaux. — Mais pas tous, pourtant.

ÉTEIGNOIR. — La religion, si vous voulez. Mais surtout, le nihilisme... quand même vous ne le voudriez pas !

ÉTERNITÉ. — Quelques longueurs... surtout vers la fin.

ÉTOURDERIE. — Au moins, c'est une excuse.

ÉTRANGETÉ. — Une excentricité, une bizarrerie, que l'on prend sans cesse, à Médan, pour une « originalité ». — Et c'est un tort.

ÉTRILLE. — Genre de brosse... dont l'emploi est trop limité.

ÉTROIT. — Exemples : le cerveau d'un Naturaliste ; le chemin d'un Documentiste ; l'horizon d'un
Médaniste.

ÉTUDIER. — Plus employé au futur qu'au présent et au passé. Ainsi, on dit fréquemment :
« j'étudierai », mais beaucoup moins souvent :
« j'étudie, j'ai étudié ». C'est très fâcheux.

EUNUQUE. — Un négociant, qui a renoncé...
aux affaires.

ÉVACUER, EXPECTORER. — Travailler, à Médan.

EXACTITUDE. — C'est la politesse des rois...
et des créanciers. — Mais ce n'est jamais celle
des débiteurs.

EXAMINATEUR. — Un juge... *d'instruction.*
(Mémoires de Cadet.)

EXCEPTION. — Elle est ce qui devrait être « la
règle, »... à de rares exceptions près.

EXCESSIF, EXAGÉRÉ. — Epithète qu'on est
souvent en droit d'infliger au misanthrope, au
sceptique... Et à moi, entre autres !

EXCITANT, STIMULANT. — Tout ce qu'on nous
défend.

EXCUSES. — Le courage de la loyauté.

EXISTENCE. — Elle n'est vraiment agréable
que pour celui qui la donne.

EXORDE. — L'éclair qui nous menace... d'un « discours ».

EXPÉRIENCE. — Difficile et coûteuse à acquérir. Puis, ce n'est pas le tout d'en avoir !

EXPLOITEUR. — Un collaborateur... au dire de chacun d'eux.

EXTÉRIEUR, APPARENCE. — Un cachemire ; qui ne prouve pas qu'il y ait une chemise dessous.

EXTRAVAGUER. — Penser, parler; comme on parle et comme on pense, en moyenne.

EXTRÊMES (les). — Y êtes-vous ?... Moi, j'y suis... toujours !... et je viens de renouveler mon bail !

F

FABLE. — C'est ça, quand c'est d'une bonne maison, qui en dit plus, en le disant mieux, que certains romans de trois cents pages !

FACILE. — On parle d'un publiciste :
« — Comment a-t-il fait fortune si vite ? — C'est qu'il a le travail facile... et une femme qui l'est encore plus ! »

FACONDE. — Un débordement... *dans* la Gironde.

FACTEUR. — Je ne conseillerais pas au téléphone de le rencontrer au coin d'un bois.

FACTURE — « Si c'est pour moi, pas trop salé. »

FADEUR. — « Si c'est pour moi, pas trop sucré. »

FAVEURS. — Si c'est pour moi, pas trop épicé. »

FAILLITE. — « Un malheur, » soit. Mais en faire un « déshonneur, » c'est la confondre avec « banqueroute ».

FAIM. — Elle nous fait commettre bien des vilénies; mais elle nous fait passer aussi de bien doux moments, de sept à neuf. N'est-ce pas, mon cher Epicure ?

FAINÉANT. — Le malheureux, l'imbécile ! Il n'a donc jamais tâté du « travail » ?

FAISEURS. — Très nombreux en affaires. — Et en littérature.

FAMILLE. — « Où est-elle donc ? Je ne la vois pas ? »
— Monsieur, elle est au Cercle.

FANATISME — Un excès regrettable... mais qui, souvent, est encore préférable à l'indifférence et à l'apathie.

FANTAISIE. — Le bon sens en vacances. Voir : Labiche.

FARCE, OPÉRETTE. — C'est très drôle... quand on en rit. Mais c'est à la générosité des personnes.

FARD. — C'est comme la paille, qu'on ne voit que dans l'œil de son prochain.

FASCINATION. — La tyrannie du charme.

FASCINER. — Éblouir, sans éclairer.

FASTIDIEUX. — Je ne sais pas si c'est *Lui* qui a

inventé le mot... mais il a élevé la chose à la hauteur des bâillements les plus récalcitrants.

FATALITÉ. — Terme euphémique, que nous ne manquons pas d'employer pour désigner les mésaventures qui nous arrivent par notre faute, par notre imprévoyance ou notre inertie.

FATIGUER. — Ça ne vous fatigue pas de produire autant, Grand Romancier ?
— Pas du tout.
— Eh bien, ce n'est pas comme vos lecteurs !

FATUITÉ. — J'ai beau me creuser la tête, je ne peux pas venir à bout d'en découvrir l'utilité. Il faut, pourtant, qu'elle ait ses avantages, puisqu'elle compte tant de fidèles.

FÉCALE (MATIÈRE). — Quel diable de plaisir peut-on avoir à s'y vautrer, comme ça ?

FÉLICITATION. — C'est dur à arracher. Mais on trouve bien moyen d'y glisser un filet de vinaigre. Puis, tout le monde sait que le cœur n'y est pour rien.

FÉLICITÉ. — Le bonheur, en grand uniforme.

FEMME. — « La moitié... *d'un* homme. » Pardon, chère lectrice ; je ne le ferai plus.

FEMMELETTE. — Une femme.
— Encore ?
— C'est la dernière fois.

FEMME DE CHAMBRE.—Et, particulièrement, de chambre à coucher. — Demandez plutôt à tous les lycéens... et à leurs papas.

FÉODAL. — On s'interroge sur ses opinions politiques.

— Moi, je suis républicain modéré.
— Moi, républicain radical.
— Et vous, Vivier?
— Moi? républicain... féodal !

FER. — Encore un joli cadeau que le bon Dieu nous a fait là. Il est vrai que l'homme l'a « perfectionné » et en a fait... l'acier, qui est encore plus nuisible à la santé.

FERMAGE. — Très bon, le fermage. Mais la petite difficulté, c'est qu'on commence à ne plus trouver de fermiers.

FERME (adj.) — Dans un ménage, il faut que la femme soit «ferme» et que le mari ait de la « fermeté ».

FÉROCITÉ. — Est-il vraiment indispensable de pousser la « méchanceté » jusque-là? Je serais presque tenté d'en douter.

FERRONNIÈRE. — Bijou qui, chose assez étrange, est quelquefois contagieux.
(*Mémoires* de François Ier.)

FESSIER. — C'est encore bien vague et bien

alambiqué, pour LUI, je le sais bien. Mais il est des mots qu'on ne peut pourtant pas déculotter en public.

FEUILLET (Octave). — Un mauvais plaisant l'avait appelé un jour « le Musset des familles ». De ce jour-là, il a voulu prouver que, s'il était, non le Musset des familles, mais de la famille de Musset, il était, surtout, de sa famille, à lui. Et par un revirement des plus étonnants, arrachant de son jardin ses plus belles fleurs... de rhétorique ; passant à la concision la plus serrée ; hachant sa phrase ; procédant par situations tellement parlantes, par elles-mêmes, qu'elles arrivent presque à la pantomime, il fait jouer *Julie* et le *Sphynx*, du Liebig théâtral. Il écrit *Camors* et *Julia de Trécœur*. La psychologie la plus profonde et la plus minutieuse, ne se manifestant que par des éclairs et des coups de foudre. Les deux plus purs chefs- d'œuvre du roman français, depuis trente ans.

Croyez-moi, étudiez cela à Médan, par les longs soirs d'hiver.

FEUILLETER. — Ce n'est que de cette façon là qu'on peut EN lire.

FIANCE. — Un jeune homme qui brûle... d'avoir des repas réglés.

FICELLE. — Un « moyen » théâtral, qu'on nomme ainsi, quand il est par trop mince ; et

8

qu'on appelle « câble », quand il est par trop gros.

FIENTE. — A Médan, c'est un euphémisme, un marivaudage.

FIER. — On appelle, chez nous, « ne pas être fier, » taper sur le ventre... de ses supérieurs ; mais ne pas permettre la pareille à ses subordonnés.

FIFRE. — La voix d'une belle-mère.

FILLE. — J'en connais qui ne le sont devenues qu'après leur mariage.

FILS. — Une espèce à peu près disparue. De nos jours, il y a encore des « enfants », mais des fils ?... Très peu.

FINASSIER. — Un imbécile.

FLATTEUR. — Un homme dont tout le monde dit : Quelle sincérité ! quelle rondeur ! quelle mâle franchise !

FLAUBERT (Gustave). — Un maître, si on le compare aux Zola et au Goncourt. — Un élève, si on le compare aux Balzac, aux Feuillet, etc.

Il décrit bien, mais il décrit trop. Il décrit toujours. Il décrit pour décrire.

FLATUOSITÉ. — C'est encore un de ces subterfuges que l'on traite, à Médan, de « coquetterie ».

FLÉAUX. — Le choléra, le phylloxera, la démagogie, le Documentisme.

FLEGME. — C'est peut-être pousser « le sang-froid » par trop loin.

FLEURISTE. — Ayant remarqué qu'il y avait toujours foule à un dépôt d'eaux minérales, où il était écrit : « Vichy chez soi, etc. », une jeune fleuriste colla à sa porte un écriteau ainsi conçu :

— « Amanda, chez soi ! »

FONCTIONNAIRE. — Un citoyen, qui « emplit » une place, plus souvent qu'il ne la « remplit ».

FOND. — Je ne sais pas si l'on va parfois, « au fond des choses » mais je n'ai jamais vu personne qui en soit revenu.

FORÇAT. — Traitez-le comme tel, quand il est là-bas. Mais pourquoi lui faire, de la société, un second bagne, quand il a fait son temps ?

FORMULES. — « Renouvelons les formules !... » ne cessait de dire Aubryet, avec juste raison. — Renouvelez, messieurs, renouvelez !

FORTIFICATIONS. — Ouvrage très coûteux ; sans doute élevé par la sagesse humaine, en vertu de cet axiome :

« Toute ville assiégée est une ville prise. »

Elle aime souvent à rire, la sagesse humaine.

FORTUNE, ARGENT, RICHESSE. — « La fortune ne fait pas le bonheur. »

« Plaie d'argent n'est pas mortelle. »

« Les plaies du cœur seules sont incurables, etc. »

Il est temps de réagir contre ces clichés ineptes ou hypocrites ; il est temps de mettre les pieds... dans la vérité, et la vérité dans le plat. Et d'abord, la sagesse des nations reconnaît elle-même que, si « la fortune ne fait pas le bonheur, du moins elle y contribue ». C'est déjà quelque chose. Puis, cette fortune, qui nous donne le moyen d'être bien logé, bien nourri, bien vêtu, bien chauffé ; de nous procurer toutes les jouissances, toutes les distractions, tous les plaisirs ; d'aller passer l'été au frais et l'hiver au soleil ; de pouvoir fêter nos amis et de pouvoir, surtout, venir en aide aux déshérités... Si cette fortune ne faisait par le bonheur, cela prouverait simplement, que ceux qui ne sont pas heureux, dans ces condition-là, sont des idiots, des ingrats ou des insatiables ; et, en tous cas, ce bonheur, ce n'est pas la misère qui le leur donnerait, je suppose ! Je ne nie pas qu'on ne puisse être heureux, quoique pauvre, si l'on est doué d'insouciance et de gaieté natives ; de sagesse et de résignation. Mais « quoique », je le répète ; et non « parce que » !

— « Plaie d'argent n'est pas mortelle ?... »

« C'est la seule dont on meure, réellement ! On ne meurt pas de chagrin, tandis qu'on meurt très bien, on plutôt très mal, de misère, de froid et de faim.

— « Les plaies du cœur, les blessures morales sont seules incurables ? »

« Mais ces blessures-là, au contraire, et vous le savez tous, se cicatrisent et se ferment, peu à peu, avec le temps. Et, d'ailleurs, en admettant la persistance du regret et de la douleur, la douleur, nous l'avons déjà dit : « La douleur, en somme, a son charme. »

Mais quelle douceur, quel charme, quelle joie rétrospective peut-on trouver dans la misère, qui est toujours là, présente et tenace ?

Enfin, si les privilégiés de la fortune sont assez stupides pour s'écrier, quand ils sont malades, quand ils viennent de se casser un bras ou une jambe : « Ah ! béni soit le sort des pauvres, qui sont valides et bien portants ! Et que je donnerais avec joie tous les trésors du monde, pour retrouver la santé, pour retrouver ma jambe ou mon bras !... »

Mais, triples hommes que vous êtes, c'est en pareil cas, surtout, que la fortune est une manne, une bénédiction du ciel. Grâce à elle, ce malheur qui, pour le pauvre, pour l'ouvrier ne vivant que de ses bras, serait le dernier coup, ce malheur n'est pour vous qu'un « fâcheux accident » ; une perle de moins à votre couronne de joies et de prospérités.

Et, par contre, c'est également, en pareil cas, et avec plus de raison, que le malheureux, privé d'une jambe, donnerait aussi un bras — pour pouvoir se faire tâter le pouls, de l'autre, par mon ami le docteur Potain !

8.

FOSSOYEUR. — Un ouvrier qui achève le travail que nous avons commencé nous-mêmes. — Notre premier fossoyeur, c'est nous.

FOURBE. — Ça ne pourrait avoir son utilité que si on était le seul.

FOURMI. — Un « modèle » de prévoyance ; et un simple « exemple » d'égoïsme.

FRANCHISE. — Un prétexte, comme un autre, pour dire aux gens leurs vérités.

FRANÇAIS. — Aigle et tortue tout à la fois, il vole sous lui, sans avancer ; prenant l'agitation pour l'activité ; le mouvement pour la marche ; la rotation pour le progrès. Extrême en tout, pour lui, pas d'allure intermédiaire : le pas, le petit pas ou un galop effréné.

A la fois servile et impatient du joug, il passe sa vie à briser ses « chefs » et à se donner des « maîtres ».

Brave dans le rang, mais timide sous son toit, la panique en fait une momie.

Moins révolutionnaire qu'émeutier ; moins émeutier que casseur de lanternes ; moins casseur encore que braillard ; badaud, par-dessus tout.

Là où il se croit « libéral », il n'est qu'orgueilleux ou taquin.

Là où il se croit « égalitaire », il n'est tout simplement qu'envieux.

Enfin, le Français n'est même pas « léger », il

n'est que « frivole ». Et il est surtout routinier.

Glacier ou volcan ; mare croupissante ou torrent débordé, voilà le personnage. *Ecce homo !*

FREIN. — Une entrave salutaire, que, par conséquent, on se contente de ronger et de mordre, en attendant qu'on l'ait brisé.

FRÈRES. — Des parents, qui sont rarement « cousins ».

FRIPON. — Une injure ou un compliment. Ça dépend des cas et de l'inflexion.

FROID. — Pourrait s'appliquer au Documentisme... si « glacial » n'était pas plus exact.

FROMAGE. — Pendant le siège, voulant faire une surprise à son mari, à l'occasion du jour de l'an, une bourgeoise va chez un épicier et demande le prix d'un petit fromage de Hollande.

— 80 francs, répond la marchande.

— 80 francs !... un si petit fromage ?... Et, ajoute-elle, en poussant un cri : il y a un rat dedans !

— Il y a un rat ? répète l'épicière, d'un air radieux... Il y a un rat !... 100 francs !

FROTTAGE. — Le seul genre de danse dont je comprenne l'utilité.

FRUGAL. — Le repas que l'on fera... le lendemain.

FRUSQUIN (saint). — « Le seul saint qui devrait être au calendrier. » (*Mémoires d'Harpagon*.)

FUITE. — En voilà une dont on ne dira pas « qu'on de sait jamais par quel bout la prendre » !

FUMER. — Un médecin disait à J. Sandeau : — Vous fumez trop ; et c'est très mauvais.

— Ah ! répondit l'auteur de *Marianna*, ça ne me fera jamais autant de mal que ça m'a fait de plaisir.

— Pourtant, si l'on vous disait que la pipe que vous allez fumer va vous tuer ?

Sandeau, froidement et sans hésiter :

— Je prendrais la plus grande que je pusse trouver et je la bourrerais aussi fort que possible... afin qu'elle durât plus longtemps.

FUMISTE, LAMPISTE. — Deux professions bien difficiles... si l'on en juge par les résultats !

FUNÈBRE, LUGUBRE. — Ce que je connais de plus réussi dans ce genre-là, après *Germinal*, c'est une opérette qui veut être gaie, et qui ne l'est pas.

FUNÉRAILLES, OBSÈQUES. — Enterrement à la *mauvaise* franquette.

G

GÂCHER (sa vie). — Voyez : Vivre.

GADOUE. — « Mais pourquoi toutes ces réticences, s'écrie le Grand Romancier, vous nous prenez donc pour des Dorat, pour des Florian ? »

— Non, monsieur, nous ne leur ferions pas cette injure.

GAGEURE (une). — Oui, lecteur, je te comprends : c'est *Pot-Bouille*, n'est-ce pas ?

Eh ! bien, non, ce n'est pas seulement *Pot-Bouille...* Ce sont ses frères aînés et ses sœurs cadettes.

GAÎTÉ. — Le gros lot. Ça, c'est plus fort que tout : plus fort que le comique ; plus fort que l'esprit le plus étincelant. Ça enfonce tout.

GALERIE. — Un auteur qui se respecte ne doit pas descendre jusqu'à elle ; il doit s'efforcer de l'élever jusqu'à lui.

GALETAS. —

« Qu'importe le flacon, pourvu qu'on ait l'ivresse !... »
a dit Musset

— « Qu'importe le taudis où règne ma déesse !... »
a dit monsieur Tout le monde, qui a plus de
génie que Voltaire... et mêmé que le Grand Romancier.

GALIMATIAS. — IL ne l'a pas inventé. Car IL
n'a jamais inventé rien. Mais il l'a vraiment élevé
à la hauteur d'une institution... qui aurait cinq
étages.

GALLICISME. — Nom affectueux que nous
donnons aux fautes de « français ».

GAMIN (de Paris). — L'esprit même. Et l'incar-
nation de tous les vices. Un gibier de potence,
pour qui Gavroche a plaidé, victorieusement, les
circonstances atténuantes.

GANTIÈRE. — Elle commence par la main.
— Mais le plus souvent, tout le corps y passe. —
La force de l'engrenage.

GARDE-FOU. — Si l'on en mettait dans tous les
endroits où il y a des fous, ça coûterait cher.

GARE ! — Façon, pour les cochers, de dire qu'ils
viennent d'écraser un piéton.

GARGOTE. — Un restaurant.

GARNEMENT. — « Mon neveu ; votre fils. »

GASPILLAGE. — Le délire de la Prodigalité.

GASTRONOME. — Un mangeur qui a su faire une « science » d'un simple besoin. — Tous mes compliments !

GAUDRIOLE. — Une bonne fille, qui ôte parfois sa robe ; mais qui n'ôte jamais son corset.

GAZE. — Une fine mouche, qui ne montre jamais mieux les choses, qu'en faisant semblant de les cacher.

GÉMIR, GEINDRE. — Plaignez-vous, franchement, s'il y a lieu, ou révoltez-vous. Mais ne « gémissez pas, ne geignez pas ».

GENDARME. — Un guerrier à cheval — sur la Loi.

GENDRE. — Un mari était en procès avec sa belle-mère.
— Votre état ? lui demande le président.
Le malheureux, d'un air accablé et d'une voix éteinte :
— Gendre !

GÉNÉALOGISTE. — Un industriel, qui nous fait descendre des croisés — au plus juste prix.

GEÔLIER. — Le captif... d'un prisonnier.

GERBE. — Cent épis séparés ne font que cent fois un épi. Cent chapitres, qui ne sont pas soudés ensemble, ne font que cent fois un chapitre. On devrait savoir cela, même à Médan ; car c'est l'A, B, C du métier.

GERMINAL. — Le mois le plus « long » de l'année. Il ne finit pas... et on fait comme lui.

GÉNIE. —

> Lorsque l'esprit, le cœur et la raison
> Peuvent chanter à l'unisson,
> De cette féconde harmonie
> Jaillit une noble chanson...
> Cette chanson, c'est le génie.

GENTILHOMME. — La naissance n'empêche pas de l'être. Mais elle ne fait pas non plus qu'on le soit.

GESTES. — Le père du Télégraphe.

GIBOYEUX, GIBOYEUSE. — La maison Chevet ; la maison Potel et Chabot.

GIROUETTE. — Grande « cocarde », que l'on arbore sur les toits.

GLACE. —

> Chacun se couvre à sa manière.
> Et l'important, c'est d'avoir chaud.
> Pourtant, Mme la Rivière,
> C'est un bien singulier manteau !

GLACIER. — Un des plus beaux se trouve dans la vallée de Chamonix. — Mais le plus terrible est à Médan.

GLAISE. — Un Apollon, une Vénus, en herbe.

GLAIVE. — Epée de matamore.

GLANER. — Œuvre bien subalterne pour un romancier, pour un poète. Semez et « moissonnez ». Ne « glanez » pas.

GLAPIR. — Nous avons des artistes, sans l'être, qui confondent parfois ce verbe avec : « chanter ». C'est un tort.

GLAS. — Et qu'importe ? Celui des autres, nous l'entendons, souvent, sans déplaisir. Quant au nôtre, nous ne l'entendrons pas. — *Allright !*

GLORIEUX. — Un paon, qui confond la « gloriole » avec la « gloire ».

GOBELETER. — Façon de boire, quand on n'a pas soif. — Et c'est la bonne.

GOGOS. — Les fidèles de l'église Mercadet... et de la paroisse de Médan.

GORGE.— La « mamelle », prise au badinage.

GOSIER. — Une sorte de maître Jacques. Il aspire l'air, il avale les aliments, il exhale le son.

Enfin, il fait tout ce qui concerne son état. — Et dîne en ville.

GOUFFRE. — Je n'en connais pas de plus profond que la poche d'un joueur ; ni de plus insondable que le cœur de ce sexe à qui l'on doit... la femme.

GOUJONS. — On en prend « aussi » dans les rivières.

GOUTS ET COULEURS. — Comment, on ne peut pas en disputer ?

Est-ce que, de l'aveu du dictionnaire, il n'y a pas : « Le bon et le mauvais goût ? » Eh bien ! alors ?... Il est vrai qu'il est assez difficile d'en disputer... avec les gens qui n'en ont pas. Et j'en pourrais citer !

GOUTTEUX. — « Encore un excès ? dit le docteur, vous ne soignez pas assez votre goutte.

— Comment, je ne la soigne pas ? Tous les jours, du foie gras, du gibier, des truffes, du champagne et du clos-vougeot... Qu'est-ce qu'il lui faut donc ?

GOUVERNEMENT. — Avec un bon gouvernement, on pourrait se passer de gouverneur. Et, avec un bon gouverneur, on pourrait se passer de gouvernement. (Machiavel.)

GOUVERNER. — Oui... Ça se dit.

GRABAT. — Un lit de roses ; et toujours trop large, quand c'est l'amour qui nous y réveille.

GRACILITÉ. — Un joli mot, que les femmes maigres confondent souvent avec la « grâce ».

GRADUELLEMENT. — Ah ! si l'on savait n'avancer que « graduellement », au lieu de procéder par sauts et par bonds !

Le juste, le vrai sont comme la crête d'un mur. Si vous y arrivez avec trop d'impétuosité, vous retombez forcément de l'autre côté, et plus bas que vous n'étiez en partant. C'est l'histoire du progrès, qu'on veut conquérir par les révolutions, lorsque « Progrès » veut dire : « Pas à pas ».

Et partis de 89, on dégringole en 93, pour avoir voulu galoper, au lieu d'avancer au petit trot.

GRAMMAIRE, DICTIONNAIRE. — Il est à peu près impossible d'en avoir de tout à fait bons. Et la raison en est bien simple : pour bien faire un pareil travail, outre le savoir, il faut une logique, un jugement, un esprit de déduction de premier ordre. Puis, pour bien définir les passions, les sentiments ; les vices, les travers ; les qualités, les vertus, etc., il faut une connaissance du cœur humain, complète, absolue, infaillible. Or, on oublie que l'heureux mortel, doué de pareilles facultés, ne saurait s'abaisser à un métier aussi secondaire. Il serait poète, romancier, auteur dramatique. Il serait Hugo ou Musset : il serait Balzac ou Mérimée ; il serait Augier ou Dumas.

Donc, jamais une grammaire, un dictionnaire, ne pourront nous donner les hautes définitions que comportent les sentiments humains, puisque ceux-là seuls qui en seraient capables seront toujours ailleurs, sur un champ de bataille, plus digne d'eux.

GRANDEUR. — La véritable grandeur de caractère consiste, entre autres difficultés, à savoir descendre, sans s'abaisser.

GRANGE. — Un endroit où l'on « serre » le blé du fermier... et la taille de la fermière.

GRATTE-CUL. — Le reine des fleurs... du jardin de Médan !

GRAVELURES. — Le « gravier » de la grande allée.

GREC. — Un monsieur qui ne joue pas pour s'amuser.

GRÊLE. — Quand le Ciel l'envoie au vigneron, la veille de la vendange, on se demande, timidement, s'il n'aurait pas pu remettre l'affaire à huitaine.

GRIEFS. — C'est bien singulier : on a toujours conscience, et souvent même une conscience exagérée, des « griefs » que l'on peut avoir contre quelqu'un... Mais jamais de ceux que ce quelqu'un peut avoir contre nous.

GRILLES, BARREAUX, VERROUX. — Le seul moyen de donner des ailes à un cul-de-jatte, à un paralytique.

GRISER (se). — Moyen de se rendre idiot, quand on n'est que bête.

GRISETTE. — C'était, au temps jadis : un « compagnon » dans les jours prospères ; une « compagne » dans l'adversité.

GROGNARDS. — Troupiers ainsi nommés... parce qu'ils ne se plaignaient jamais.

GROGNER, GROMMELER, MURMURER. — N'avoir ni la patience de souffrir, ni le courage de « se plaindre ».

GUERRE. — Elle a cela de lamentable : c'est qu'on y tue aussi... des chevaux !

GUET-APENS. — L'abus de la « Prévoyance ».

GUEULE. — Faure, l'illustre baryton, a plusieurs maisons à Etretat.
Un touriste s'étonnant d'apprendre qu'il possédait tant d'immeubles :
— Oh ! pour ce que ça lui coûte, lui dit un pêcheur, qui lui servait de cicerone... un coup de « gueule », et tout est payé !
C'est Faure, lui-même, qui nous raconta cette anecdote, en en riant, comme une petite folle.

GUEUX. — C'est l'un d'eux qui, plein comme une tonne, s'écriait un jour, devant la maison de M. de Rothschild :

— Eh ! ben, quoi, Rothschild ?... y n'peut pas être plus soûl que ça !

GUIDE, EN SUISSE, AUX PYRÉNÉES. — L'introducteur... de la nature.

GUIGNON, MALECHANCE, DÉVEINE. — La tête de Turc des impuissants et des fruits secs.

GUILLOTINE, ÉCHAFAUD. — Le seul endroit où un scélérat commence à voir les choses... d'un peu haut.

H

HYDROTHÉRAPIE, GYMNASTIQUE. — Nos pères ne connaissaient pas toutes ces machines là et c'étaient d'autres gaillards que messieurs leurs fils.

HABILETE. — Le comble de l'habileté, pour un diplomate, c'est d'avoir l'air de n'en pas avoir.

HABIT. — L'écaille du gommeux.

HABITUDE. — Le sentier de la routine ; un escalier qu'on descend, mais qu'on ne remonte pas.

L'HABITUÉ (de la maison). — Ce n'est pas « lui » qui va chez vous ; ce sont ses souliers.

HAILLONS. — Genre de vêtements que l'on con-fectionne particulièrement « *à la Belle-Paresse* » et « *au Petit Saint-Pochard* ».

HAMEAU. — Peu d'habitants ; mais qui ne s'en détestent pas moins.

HANCHES. — Inutile de s'en préoccuper. Chez les bons faiseurs, on les fournit avec la robe.

HARMONIE. — Merci. J'en suis malade ; et mon médecin m'a mis à la « mélodie ».

HARPIE. — Une personne plus à plaindre... qu'à épouser.

HASARD (le). — Beaucoup de personnes, surtout les parvenus et les gavés, s'obstinent à nier le Hasard ; lorsqu'au contraire l'homme n'est qu'un jouet dans ses mains.

Et d'abord, il nous prend au berceau. A quoi tient, point de départ capital, que nous naissions riche ou pauvre ; robuste ou chétif ; droit ou bossu ; intelligent ou stupide ; actif ou alerte ? Au Hasard.

Qui fait que nous naissons mathématicien, musicien, peintre, poète, auteur tragique ou comique ? Qui fait que nous sommes, dès le berceau, pourvus ou privés de mémoire, d'énergie, de courage, etc ?... Le Hasard.

Et vous voyez d'ici quelles conséquences vont avoir pour nous, dans la vie, tous ces dons ou toutes ces infirmités naturels.

Mais, objectera-t-on, en dehors de toutes ces facultés, il en est une foule d'autres qu'il dépend de nous de développer, ou de combattre par LA VOLONTÉ.

La « volonté ?... Mais nous est-elle répartie à

chacun au même degré ? Non, assurément. Les uns en ont plus, de par la nature, les autres en ont moins ; d'autres, enfin, en ont si peu que ce n'est pas la peine d'en parler.

Croyez-vous, sans multiplier les exemples, que Louis XI et Bonaparte n'avaient pas, « en eux », autrement de volonté que le Débonnaire et que Louis XVI ?

Enfin, la volonté est un instrument qui a besoin, pour être mis en mouvement, d'un rouage indispensable ; et ce rouage, c'est « *la volonté...* de *vouloir* », que j'appellerai la *volontivité ;* et cette « volontivité », on ne peut pas se la donner. On l'a ou on ne l'a pas.

Nous avons donc le droit incontestable de nous en prendre au Hasard et de le bénir ou de le maudire, selon la façon dont il nous a dotés au berceau, puisque c'est du doux nid, ou du bouge où nous serons nés ; de nos facultés natives, physiques ou morales, que dépendra, en moyenne, le restant de notre existence, et qu'elle sera pour nous une vallée de larmes, ou la vallée de Josaphat.

HELVÉTIE. — Ça, c'est des mots d'auteur. On dit : « Pas d'argent, pas de Suisse... » On n'a jamais dit : « ... pas d'Helvétie ! »

HERBE, HERBETTE. — *Herbe :* le gazon de Flore. *Herbette :* le gazon de Vénus.

HÉRÉDITÉ. — Il est certain qu'elle a été, parfois, bien funeste. Et que ce « quelque chose, » qu'on

nomme l'héritage, a empêché bien des gens d'être
« quelqu'un ». Mais, d'un autre côté, travailler
pour l'Etat, ce ne serait pas bien excitant, et
quand on en viendrait à travailler moins, on finirait bien vite par ne plus travailler du tout.

HÉRITAGE. — Une table qu'on ne trouve jamais
trop grande ; mais où l'on trouve, toujours, qu'il
y a trop de convives.

HERMAPHRODITE. — Un irrésolu.

HÉROÏSME. — Sujet de pendule.

HÉSITATION. — Comment, vous hésitez ?... Il
s'agit donc de faire une bonne action ?

HÉTÉROCLITE. — Un « grotesque... » qui se
prend pour un « original ».

HEUREUX. — La seule condition pour l'être,
c'est de se trouver tel, à tort ou à raison.

HIÉRARCHIE. — Un vieil escalier, tombé en
ruine.

HISTOIRE (l'). — Des cancans, des contes de
fée. Et comment pourrait-il en être autrement,
puisque, pour un fait qui s'est passé dans la huitaine, il y a autant de versions, de *racontars,* que
de raconteurs ?

HISTORIOGRAPHE. — Le grand chambellan, à un
valet de pied : — Enlevez l'encrier de monsieur,

et remplacez-le par un encensoir, grand format..,
et bien plein !

HOMME (l'). — Nous l'avons déjà dit : il manque
généralement de bon sens, de raison et de logique, puisqu'il obéit en esclave à ses passions,
qui sont ses plus cruels ennemis. Et il est méchant
par suite, puisque la méchanceté est une sottise.

Alors, se demande-t-on, comment un pareil
animal peut-il vivre en société ? — C'est que certains de ses défauts mêmes en font un être à peu
près sociable; à savoir : son amour-propre, son
égoïsme, son intérêt bien compris, le mensonge
et une sage hypocrisie.

Comprenant qu'à défaut d'une probité réelle
et d'une bonté véritable, il faut qu'il en affiche
les dehors, pour trouver estime et sympathie, il
s'affuble d'un masque de théâtre, qui cache les
vices qu'il a et grimace les vertus qu'il n'a pas.
Puis, sans le polir tout à fait, Vénus aussi le ra-
botte toujours un peu. Enfin, si l'on joint à cela
le cri, parfois trop impérieux, de dame Conscience
et, surtout, la terreur salutaire de Pandore et de
la Roquette, on comprendra que, sans être un
chérubin, il devienne un citoyen, très coudoyable,
ne conservant de ses côtés fâcheux que le strict
nécessaire.

HONNÊTES (les gens). — On en est venu à les
mettre en vedette ; considérant qu'aujourd'hui, ce
qui n'était, jadis, qu'un simple devoir est devenu
une vertu.

HONNEUR. — Un singulier trésor : plus on en dépense, plus il augmente.

HONTE. — Une pudeur rétrospective ; une pudeur qui avait manqué le train.

HÔPITAL. — Ce n'est vraiment pas très excitant. Mais enfin, j'aimerais encore mieux en sortir, vivant, que d'y entrer... mort !

HOROSCOPE. — En voici un que je ne crains pas de tirer. Dans deux ans au plus tard, si quelqu'un demande ce qu'était un certain Zola : — Zola ? dira-t-on, je ne connais pas ; et je ne crois pas qu'il ait jamais existé un écrivain de ce nom.

HORRIBLE. — Je ne vois rien, dans cet ordre d'idées, qui puisse dépasser *Nana,* si ce n'est *Pot-Bouille;* ni *La Curée,* si ce n'est *Germinal...* Ni *Germinal,* si ce n'est... tout le reste.

HÔTE. — Celui qui reçoit ou celui qui est reçu, à votre choix.
Un vieux mot sans doute tombé jadis de la tour de Babel.

HÔTEL, CHÂTEAU, PALAIS. — Tout endroit, hutte ou chaumière, où il y a du pain dans la huche et où la conscience joue facilement.

HOURIS. — Les cydalises de l'Empyrée.

HOUZARD. — Le troupier *que* suivent les bonnes.

HUE! — Une expression dont un mari bien élevé ne doit jamais se servir... même avec sa maîtresse !

HUGUENOTS — Pourquoi en avoir brûlé ? Pourquoi brûler les gens ? Et, d'abord... ça sent très mauvais !

HUIS-CLOS. — On dit que c'est de cette façon qu'on jouera SES pièces, quand il aura enfin trouvé la fameuse « formule ».

HUISSIERS. — Je vous le dis tout bas et n'allez pas le répéter : Je crois, je n'en suis pas sûr, mais je crois qu'ils ne sont pas aimés !
Exemple : Le domestique de l'auteur des *Mousquetaires* lui dit, un matin :
— Il y a là une pauvre femme qui demande 5o francs pour faire enterrer son mari. — Qu'est ce qu'il faisait, son mari ? — Il était huissier. — Huissier !... voilà 100 francs et qu'elle en fasse enterrer deux !

HUMAINS. — Un pseudonyme que prennent les hommes, quand ils veulent garder l'incognito.

HUMILIATION. — La blessure qu'on pardonne le moins.

HUMILITÉ. — C'est peut être aller bien loin ; ou plutôt, bien bas.

HUPPÉ. — Façon de dire, implicitement, en

parlant d'une personne du grand monde, qu'on n'est pas, soi-même, de ce-monde là.

HYPERBOLE, EXAGÉRATION. — Une figure de rhétorique qui, je le reconnais, ne m'est pas absolument étrangère.

HYPOCONDRIAQUE, MÉLANCOLIQUE. — Bornez-vous à la tristesse, mon ami ; c'est très bien comme ça.

HYPOCRISIE. — Qu'est-ce qu'on peut demander de mieux à un grincheux, à un butor, à un goujat ?... Puisque c'est, pour lui, le seul moyen d'être aimable en société.

HYPOTHÈSE. — Exemple : si M. Zola avait de l'esprit, de l'invention, de l'imagination ; s'il savait ce que c'est qu'une opposition, un contraste, une situation ; s'il avait le don de l'agencement ; si, aux revirements, aux péripéties, à l'intérêt, qui sont pour lui de l'hébreux, il joignait le tact et le goût... alors, il serait un Eugène Suë, un Dumas ; et, par conséquent, il ne serait plus M. Zola.

I

IDÉAL (notre). — Tout ce que nous n'avons pas. Il est toujours relatif et, surtout, progressif.

L'idéal d'Angela, c'est un landau, tant qu'elle n'a qu'un coupé ; lequel était son idéal, quand elle ne pouvait prendre qu'un sapin.

IDÉE (l'). — C'est le lièvre ; mais il faut savoir l'accommoder.

C'est le mannequin ; mais il faut savoir l'habiller.

C'est la perle ; mais il faut savoir la monter.

Total : un zéro, sans le Vatel, sans le Worth ou le Rudolphi.

IDIOT. — Parti simple imbécile, il a gagné son bâton de maréchal. — La Persévérance !

IDYLLE. — Elle repose au moins du Documentisme.

IGNARES. — Les volontaires de l'Ignorance.

IGNORANTS. — S'ils se bornaient à ne rien savoir, ça pourrait encore aller. Mais c'est qu'ils enseignent !

ILLIMITÉ. — La sottise d'un fat ; l'infatuation d'un sot.

ILLUSIONS. — Une déception future. Et, quand elles s'envolent, un reproche à la Réalité.

C'est, en somme, une bénédiction du ciel ; car si nous n'avions pas d'illusions et sur les autres et sur nous-mêmes, nous n'aurions plus qu'à prendre la barque à Caron, — sans billet de retour.

ILLUSTRATIONS, DESSINS. — Nadaud m'a envoyé, dernièrement, ses chansons, admirablement illustrées. Mais quelle aubaine aussi, pour les dessins, d'avoir été illustrés... par son texte !

ILLUSTRATION. — La plus sûre façon de s'illustrer, pour une femme, c'est de ne faire jamais parler d'elle.

IMAGE. — Nous disons que « Dieu nous a faits à son image ». Si la chose est exacte, je lui conseille de se faire un peu retoucher.

IMAGINATION. — Une fièvre ; mais c'est la bonne. Et si le Naturalisme ne meurt jamais que de cette fièvre-là, ça sera gai, pour nous !

IMBÉCILE. — Tant qu'il se tait, tant qu'il n'agit

pas, ça va encore. Mais dès qu'il se met à travailler de son état, « mieux vaut un sage ennemi » ; mieux vaut un pendard intelligent.

IMITATION, PLAGIAT. — Façon, pour les auteurs, de se rencontrer au coin d'un drame, au coin d'un roman.

IMMATÉRIEL. — Ce mot s'étant égaré, un jour, dans les bois de Médan, on n'a plus retrouvé que son cadavre !

IMMENSITÉ, ÉTERNITÉ. — La seule façon de se les expliquer, sans les comprendre pour cela, c'est de se dire qu'elles ne peuvent pas ne pas être. Car, si elles n'étaient pas, c'est ce qui serait à leur place qui serait ce qu'elles sont. — O ma tête !

IMMORALITÉS. — Si vous voulez en cueillir, vous connaissez le jardin où ça pousse de préférence.

IMMORTALITÉ. — Bonne pour un livre, elle finirait, à la longue, par être bien gênante pour son auteur.

IMPAIR. — Le nombre favori de ce qu'on appelle, aujourd'hui, les Gaffeurs.

IMPARDONNABLE. — L'insolence envers un subalterne.

La grossièreté envers une femme, quelle qu'elle soit.

L'orgueil et l'envie, dans le succès.

Et, par dessus tout : l'ingratitude.

IMPARTIAL. — C'est-à-dire, un mortel n'ayant ni amours ni haines ; ni préjugés, ni faiblesse ; ni bile, ni sang, ni nerfs ? Eh ! bien cherchez au ciel, et quand vous y serez... restez-y !

IMPÉNÉTRABLE. — J'ai connu un ambitieux qui avait trouvé un moyen aussi simple que triomphant pour cacher ses opinions politiques : il n'en avait pas !

IMPERDABLE ! — Ne se dit jamais que de la partie... qu'on vient de perdre.

IMPITOYABLE, IMPLACABLE. — Le malheureux !... Il n'a donc jamais tâté du pardon ?

IMPOLITIQUE — Ce qui est impolitique, avant tout, c'est de mécontenter les braves gens, dans l'espoir de contenter des individus qu'on ne pourrait satisfaire — et encore ! — qu'en leur donnant ses culottes et son porte-monnaie.

IMPOPULARITÉ. — Une « veste... » dont un sinistre infatué s'était fait, jadis, un « manteau ».

Pardon de ma rudesse, mais je n'ai jamais su *déguizoter* ma pensée.

IMPORTANCE. — Tâchez d'en avoir... et de ne pas vous en donner.

IMPORTUN. — Un créancier. Mais, surtout, un bienfaiteur.

IMPOSANT. — Le personnage le plus « imposant » que l'on puisse voir, c'est, assurément, un ministre... des finances !

IMPOSTURE. — Le mensonge, en habit noir et en cravate blanche.

IMPÔT. — Nous ne saurions trop le répéter : avant tout, sur les cartes, le tabac, l'alcool, le piano, le cercle, et les chiens !

Tiens, au fait, et pourquoi pas aussi sur le Documentisme ? Une chose nuisible, ou au moins inutile. — C'est une idée.

IMPRÉVOYANCE. — Un défaut, dont les fourmis, les abeilles et les castors ; dont les hirondelles, dont les grues, elles-mêmes, de simples animaux, n'ont jamais pu nous corriger.

IMPOSITIONS. — Ah ! on a bien raison de nous les « imposer » ; car c'est une idée qui nous viendrait, bien rarement, à nous-mêmes.

IMPRIMÉ (l'). — Oh ! le livre, oh ! l'imprimé !... Quels oracles !

Au lieu de les écrire, dites dans un salon les choses les plus neuves, les plus élevées ; on les trouvera très ordinaires — si, toutefois, on ne va pas jusqu'à les conspuer. — On n'admet pas que le

monsieur qu'on coudoie puisse nous être supérieur. Mais qu'il nous parle du haut d'un livre ;
oh ! alors, c'est bien différent ! ce n'est plus le
causeur ; c'est l'écrivain.

IMPROBITÉ. — Je crois qu'en cherchant bien,
il ne serait peut-être pas impossible d'en trouver
des exemples.

IMPROMPTU. — Tâcher de ne pas l'oublier, en
route.

IMPROVISATEUR. — Un poète, qui ne semble
pas précisément travailler pour la postérité — et
qui atteint parfaitement son but.

IMPUBÈRE. — « Ne te presse pas, mon garçon ; tu seras toujours un homme assez tôt. »

IMPRIMERIE. — Nous lui devons *Eugénie Gran-
det*, *les Mousquetaires*, etc. Mais c'est à elle aussi
que nous devons *Pot-Bouille*, *Nana*, et le reste.

Or, comme un mauvais livre dégrade et cor-
rompt beaucoup plus le goût et l'esprit qu'un bon
ouvrage ne les assainit et ne les élève... je demande à réfléchir à la note qu'il faut donner à
Gutenberg.

INAMOVIBLE. — Un vieux mot des temps barbares, dont la civilisation a fait justice, et qui ne
s'applique, maintenant, qu'à la Routine et aux
préjugés.

INATTENDU. — Tout ce qui nous arrive.

INCAPABLE. — De quoi ? De « remplir » une fonction ? Oh ! assurément !... mais ça ne l'empêche pas de « l'occuper ».

INCARNAT. — Petite fleur rouge qui naît de la pudeur et de la modestie; du vin de Champagne... et du mensonge.

INCENDIE. — On cherche, dans les nuages, des moyens de pourvoir à la sécurité du public, dans les théâtres, quand il en existe un, qui est si simple :

N'y jouer que des pièces de monsieur Zola, « seul ! »

INCERTAIN, INDÉCIS. — « Comment, mon garçon, tu hésites ? Il ne s'agit donc pas de commettre une bêtise ou une petite gredinerie ? »

INCOHÉRENCE. — « 1er prix... » Je laisse au lecteur le plaisir de le décerner.

INCOMPÉTENT. — Entre tous, celui que vous entendrez parler d'une chose avec le plus d'aplomb.

INCONSTANT. — Un homme tellement bien élevé qu'il craint de devenir indiscret.

IN-CONS-TI-TU-TI-ON-NEL-LE-MENT. — Tu as fini ?... C'est heureux !

INCRÉDULE. — Si je ne craignais d'être indiscret, je demanderais au Créateur pourquoi, au lieu de lui avoir infiltré le doute, il ne lui a pas infusé la foi. — Dame ?...

INDÉCENCE. — Ah ! si nous n'en étions que là, ça serait trop beau ! mais alors, le Grand romancier n'aurait jamais existé ; et ce serait une bien grande perte... pour la gaîté et pour la charcuterie françaises.

INDÉLICATESSE. — Elle est à l'improbité ce que le larcin est au vol.

INDIFFÉRENCE. — Que ce soit apathie ou dédain, ça vaut encore mieux que de se faire de la bile.

INDIGNATION. — Ne l'éprouve pas qui veut. Et ceux-là sont rares qui sont capables de la bien traduire. — N'est-ce pas, mon cher Juvénal ?

INDISCRÉTION. — C'est bien fait ! C'est un exemple, qu'il ne fallait pas donner.

INDISPENSABLE. — Tout ce qui n'est pas le « nécessaire ». Et c'est très logique. Ce n'est pas le strict « nécessaire » qui fait le « bonheur » ; c'est le superflu. S'il ne s'agissait, en ce monde, que de ne pas mourir de faim, ni surtout de soif, il y aurait un moyen bien simple d'y pourvoir : ce serait de se jeter à l'eau.

INDIVIDUALITÉ. — C'est le besoin, trop rare, hélas ! de boire à sa propre source, et de ne manger que de sa chasse.

Le besoin de ne se conduire qu'avec sa boussole ; de n'enfourcher que sa monture, fût-ce un dada ; de marcher avec ses souliers, de marcher avec ses sabots !

INDOLENCE, NONCHALANCE. — La gourmandise de la Paresse.

INDOMPTABLE. — Oh ! que non !... avec une bonne trique !...

IN-DIX-HUIT. — Circonstance atténuante, en littérature.

INDUCTION. — Un bon bateau ; mais qui n'est rien sans un bon pilote.

INDULGENCE. — Se méfier de ceux qui n'en ont pas. C'est généralement l'indice qu'ils en auraient grand besoin pour eux-mêmes.

INEPTE, STUPIDE. — Le parvenu de la bêtise.

INFAMIE. — Exemple : Tu sais, mon tailleur, à qui je n'ai jamais payé un radis depuis dix ans ? Eh ! bien, mon cher, il a eu l'*infamie* de m'envoyer les huissiers.

INFÉRIEUR, SUBALTERNE. — De pauvres diables, dont le supérieur devient, moralement, l'inférieur, par le seul fait de les maltraiter.

INFLUENCE, CRÉDIT. — Quand on fait appel au crédit, à l'influence d'un gros personnage, ça l'ennuie. Il fait : « Ah ! » Mais, ce crédit, si l'on n'y faisait jamais appel, c'est donc qu'on ne lui en supposerait pas ? Et c'est ça qui l'emb... nuirait !

INGÉNUITÉ. — Un prétexte, un moyen comme un autre, pour dire des choses à faire rougir... un Documentiste.
J'ai connu une ingénue, à qui j'en étais venu à dire, quand elle allait commencer une histoire : « Faites attention, mademoiselle, n'oubliez pas qu'il y a... des hommes ! »

INGRATITUDE. — Le réveil de la Dignité.

INHUMAIN. — « Sans pitié, sans humanité... » dit Littré :
« Humain » me semblerait donc plus correct.

INJURE, INSULTE. — Elle ne devient une « offense » que quand l'insulteur est « quelqu'un ».

INJUSTE. — Tout jugement qui nous condamne.

INNOVATEUR. — « Innover, dans cette patrie de la Routine ! Mais, mon pauvre ami, tu veux donc absolument passer pour un fou, pour un idiot ?

INONDATION. — Un incendie... humide.

INOUÏ ! INIMAGINABLE ! — Se dit, particulièrement, des choses qui arrivent... tous les jours.

INQUISITEUR. — Fi ! que c'est vilain d'être curieux... comme ça !

INSENSÉ. — Oui, il n'en manque pas. Mais qui les décrétera d'insanité ? — D'autres fous.

INSÉPARABLES. — L'aplomb et la bêtise. L'impuissance et l'envie. Le homard et l'eau de mélisse... Le Documentisme et l'ennui.

INSINUATION. — La couleuvre de l'Eloquence.

INSISTANCE. — Une tortue. . qui bat les lièvres.

INSPIRATION. — Ce n'est pas le tout d'en avoir !

INSTINCTS. — « Puisqu'ils sont en moi, ce n'est pas moi qui les y ai mis, et je n'en suis pas responsable. — Adressez-vous là-haut. »

INSTRUCTION. — Complète, elle peut ne pas faire de mal. Mais l'ignorance est assurément supérieure à la « demi-instruction », qui fait de nous des pédants et des critiques, sans en faire des juges compétents.

INSUFFISANCE. — Petite infirmité qui en amène toujours une beaucoup plus grave : « la suffisance ».

INSURRECTION. — Exercice français, qui semble un peu fatigué en ce moment. — On n'est pas de fer !

INTELLIGENCE. — Tout le monde en a. Demandez plutôt à chacun — surtout à ceux qui n'en ont pas.

INTERCÉDER. — Ça nous donne toujours de l'importance.

INTERDICTION. — Une idée : si l'on mettait tout le monde en tutelle ?

Oui, mais alors, où trouver les tuteurs ? Bath, en cherchant bien, parmi les sauvages, on aurait encore quelques chances.

INTÉRÊT (notre). — N'en disons pas de mal. C'est à lui seul que nous devons de commettre un peu moins de sottises.

INTERMINABLE. — Un roman naturaliste. Aussi se garde-t-on bien de le « terminer ».

INTERPRÈTE. — Un Français, d'un certain rang, voyageait dans l'Inde.

Un petit prince du pays lui ayant transmis certaines paroles, qui lui semblaient mal sonnantes, par l'organe de son interprète, il allonge un soufflet à celui-ci, en lui disant froidement : « Traduisez ! »

INTERROMPRE. — « Sans vous interrompre ! » ne manquent jamais de dire les interrupteurs de profession, en nous interrompant à chaque mot.

INTERRUPTEUR. — Un député qui ne sait ni parler, ni se taire.

INTERVENTION. — Si vous arrangez l'affaire, on ne vous en sait aucun gré.

Si vous ne l'arrangez pas, on vous en veut.

Total : un métier de dupe.

INTUITION. — L'expérience... infuse.

La clé de voute du roman et du théâtre. Avec elle, l'imagination, l'observation deviennent inutiles. Elle vous fera d'un avare, d'un prodigue, de tous les types, de tous les caractères, de toutes les passions, le portrait le plus fidèle et le plus vivant. Et pour cela, elle n'aura eu qu'à s'interroger elle-même ; en demandant seulement, à l'occasion, quelques conseils à son amie l'Induction qui, plus modeste, ne va que du connu à l'inconnu ; tandis que dame Intuition va, d'un pied non moins sûr, de l'inconnu, même au connu.

Avec ces deux boussoles pour seuls guides, vous pourrez, sans quitter votre fauteuil, explorer, en Christophe Colomb, l'âme, le cœur et l'esprit humains.

Sans elles, vous serez forcé de vous arrêter là où « l'observation » matérielle, n'aura pas encore pénétré, c'est-à-dire à chaque pas.

Avec elle, on devient Balzac, George Sand.

Sans elle, on reste Henri Monnier ; on tombe, on s'effondre, on s'embourbe, dans la Médanie.

INVECTIVE. — Une épine, sans rose, qu'on cultive, particulièrement, au Palais de Justice.

INVENTEUR. — Le monsieur qui essuie les plâtres.

INVRAISEMBLABLE. — Tout ce qu'on dit, tout ce qu'on fait, tout ce qu'on voit, depuis le père Adam.

IRONIE. — La reine des fleurs de rhétorique. Elle décuple l'esprit, elle centuple l'acuité de l'épigramme, par sa discrétion même, en nous faisant deviner les choses, sans les appeler par leur nom. Cette plante n'a donc jamais pu s'acclimater à Médan.

ISRAÉLITE (l'israélite moderne). — Nous parlons de celui de France et surtout de Paris. Celui-là se fait remarquer, aujourd'hui, par ce contraste bizarre : il est, à la fois, cupide... et prodigue.

On le verra suer sang et eau, pour gagner 20 fr. ; il apportera à ce labeur une âpreté, une ténacité sans pareille ; et, les 20 fr. empochés, il ira mettre, à son cercle, 5oo louis sur une carte ; ou il enverra à Aspasie une rivière, un fleuve... un Jourdain de diamants.

Cette singularité constatée, nous reconnaîtrons, sans hésiter, les qualités, les vertus qui lui sont propres.

L'esprit de famille ; l'amour du foyer ; le respect du fils pour le père, et de l'épouse pour l'époux ; et, surtout, la solidarité, la fraternité qui les unit.

Puis, nous signalerons chez lui une transformation nouvelle.

De marchand, de trafiqueur, qu'il avait été si longtemps ; et surtout de banquier, de courtier ; de changeur, d'agioteur, de prêteur — et souvent à des taux... ultra-catholiques — il est devenu artiste ; il est devenu auteur et acteur ; peintre et musicien. Lui, qu'on avait surnommé si longtemps Shylock et Gobseck, il s'appelle aujourd'hui : Meyerbeer, Halévy, Félicien David.

Il s'appelle Worms et Rachel, et Judic et Sarah Bernhardt. Il s'appelle d'Ennery, Crémieux, Millaud, etc.

Peintre, il s'appelle Helbuth, Lévy, Fichel, Worms, Ulmann, etc.

Une autre remarque. On le traite souvent de grippe-sous, de carotteur. — Un « grippe-sous », l'israélite ? Et où donc a-t-on pu ramasser une pareille bourde ? Le grippe-sous, c'est celui qui borne son ambition à gagner misérablement son pain ; qui se résout à végéter et à vivoter.

L'israélite dédaigne de « vivoter ». Il est ambitieux ; il veux être riche à millions.

Il ne s'attèle jamais qu'aux industries qui peuvent le hisser à la timbale.

Il fera le commerce, le négoce. N'importe lequel. Il vendra n'importe quoi, dans n'importe quel taudis ; parce que toute échoppe peut devenir une boutique, et toute boutique un magasin. Il entrera commis chez un banquier, chez un changeur ; oui, mais avec l'espoir et la ferme volonté de devenir patron, plus tard. Il se fera remisier à la Bourse, non seulement parce qu'un simple remisier peut gagner des mille et des cents ; mais parce qu'avec de la ténacité — et Dieu sait si les fils d'Israël en sont pourvus — il peut, un jour,

monter au Parquet et devenir une des fleurs les
plus radieuses de la « corbeille ».

Oui, petit commis, petit employé, tant qu'on
voudra, au début, pour arriver plus tard à remuer
des millions.

Mais s'embarquer sur un ruisseau ? Mais se
faire *ouvrier* ?... L'ouvrier qui consent à se cour-
ber sous un ciel sans horizon ; qui borne ses vœux
étroits à ne pas mourir de faim ? Lui, ouvrier ?
Jamais !

Donc, Israël n'est ni un grippe-sous, ni un carotteur. Il joue le grand jeu. C'est un ambitieux,
grande largeur !

Toutes ces vérités enregistrées, nous ajouterons
que la soif du gain n'est pas son péché capital.
Son gros péché, qui est la source de tous les
autres ; sa caractéristique enfin, la voici :

Une satisfaction, une plénitude de soi-même,
s'élevant à des hauteurs inconnues. Puis, comme
conséquence, un égoïsme de la même envergure ;
et, enfin, une absence du sentiment du juste et
de l'injuste, devenue presque inconsciente, par
suite de l'obsession continuelle de ces deux mots :
« MOI... A MOI ! »

S'il est en conflit avec son prochain, il ne lui
viendra jamais à l'idée d'invoquer l'arbitrage d'un
tiers. Il tranche la question lui-même. — MOI ! Et
je suis forcé de reconnaître que ce n'est que très...
jamais au profit de son adversaire.

En résulte-t-il que le chrétien soit d'une essence
beaucoup plus éthérée ? Je ne saurais l'affirmer.

Le chrétien, je ne le connais pas encore assez pour pouvoir en dire... du bien.

P. S. Il va de soi que, si j'ai posé ici ce que je crois la règle, j'ai sous-entendu l'exception. A commencer par les illustres d'entre eux, déjà nommés, chez qui l'orgueil serait bien superflu, puisque le public s'est chargé d'en avoir pour eux.

IVROGNE. — Ah ça! il n'a donc jamais vu un homme soûl?

IRRÉPROCHABLE. — Et qui donc?

IRRÉVOCABLES (SERMENTS). — Des serments d'ivrogne qu'on fait, pour la dernière fois... toutes les fois!

J

JACOBINS. — Jamais hommes n'ont eu plus d'horreur de la tyrannie... des autres.

JALOUSIE. — Un sentiment bien bizarre. A la fois une torture, quand on se croit sûr de son affaire ; un amer plaisir à confondre les coupables ; et une véritable déception, si l'on découvre... qu'on s'est trompé.

Du reste, un jaloux a résumé toutes ces contradictions, apparentes, en quelques mots.

Il revient, d'un voyage supposé, convaincu qu'il va trouver chez lui son rival.

— Personne ! s'écrie-t-il, après avoir fouillé partout. Personne !... Allons, je serai peut-être plus heureux, une autre fois !

Molière n'eût pas trouvé mieux.

JALOUX. — Qu'un homme doute de sa femme,

une femme de son mari ; cela n'a rien qui puisse nous surprendre. — Ils jugent l'un de l'autre, par eux-mêmes, voilà tout. — Mais, être jaloux, c'est douter aussi de soi-même, de sa supériorité, de son prestige, et voilà qui cesse d'être humain. Il ne faut donc attribuer la jalousie qu'à la mauvaise opinion qu'on a des autres.

C'est la seule façon de pouvoir l'expliquer d'une façon vraisemblable.

On applique souvent mal le mot jaloux. Ainsi, pour exprimer qu'un homme est jaloux à l'excès, on dit : C'est un Othello ! C'est une erreur. Othello n'est pas un jaloux de naissance, un jaloux par tempérament. Shakespeare ne cesse de le répéter par la bouche de tous ses personnages. C'est, au contraire, une nature croyante et sincère, qui, trompée par les manœuvres d'un scélérat, arrive à être convaincu que Desdémone est infidèle. Mais un mari qui tue sa femme parce qu'elle le trompe, ou parce qu'il se croit trompé par elle, cet homme-là n'est pas un « jaloux » ; c'est un mari outragé qui venge son injure.

Cela nous rappelle cette femme qui, surprise en flagrant délit par son mari, répond au torrent d'invectives dont il l'accable : — « Et vous dites que vous n'êtes pas « jaloux ! » Il n'est pas jaloux, le pauvre homme ; il est cocu, tout bonnement.

JAMAIS. — Quand une femme vous dit : — « Jamais ! » de sa voix la plus indignée, il y a de belles chances pour que, dix minutes après, elle vous dise : — « Toujours ! » de sa voix la plus tendre. Mais la façon dont elle a tenu sa menace doit vous dire assez comment elle tiendra sa promesse. « Ni jamais, ni toujours, etc. »

JAMBAGE. — Le droit de jambage était un droit que les... jouvencelles prétendaient imposer à leurs seigneurs, mais auxquels ceux-ci se dérobaient parfois. D'où les déclamations de ces demoiselles contre ce droit, dont elles auraient voulu leur faire un devoir. Telle *est* l'exacte vérité.

JAMBES. — Les jambes des hommes leur servent à marcher ; mais ce sont les jambes des femmes qui les font courir.

JANSÉNISME. — Le « J'm'enmoquisme » me paraît infiniment préférable.

JÉSUITES. — Il y en a, aussi, parmi les prêtres.

JEU. — L'ogre, le grand dissolvant. Ce n'est pas seulement *un* vice ; c'est le père aux autres.

JEUNESSE. — L'extrait de naissance n'a rien à y voir. Je connais beaucoup de vieux qui sont jeunes. Je connais même certains jeunes gens qui sont presque aussi jeunes que M. de Lesseps. Mais c'est l'exception.

JOIE DE VIVRE (la) de M. Zola. — Nous recommandons ce petit travail aux personnes qui désireraient s'initier aux plus petits détails d'un accouchement, laborieux — 3o pages.

Ou qui voudraient se procurer un vomitif, irrésistible, sans aller chez le pharmacien.

JOSEPH. — Si jalouse qu'elle puisse être, une femme aimera encore mieux entendre traiter son mari de Lovelace que de Joseph.

JOUG, SERVITUDE. — Le fait de le subir est la preuve qu'on n'était pas digne d'être libre. On ne porte que les chaînes qn'on mérite.

JOUR. — Ah! il en éclaire de belles! Je sais bien qu'il s'en passe aussi, la nuit, qui ne sont pas des plus édifiantes. Mais elle tâche, au moins, de les cacher.

JOURNAUX. — A quoi bon en lire? S'ils sont de votre opinion, c'est superflu. S'ils n'en sont pas, c'est inutile; vous n'en démordrez pas.

JOURNALISTE. — Il dit, quelquefois, ce qu'il pense; mais il pense rarement tout ce qu'il dit.

JUBILATION. — La joie des bonnes gens.

JUDICIEUX. — Qui ça?... Oh! son nom, son adresse!

JUGER. — Les moutons de Panurge, les encaisseurs de clichés vous disent, parfois, de leur air le plus méprisant : — Comment, vous vous permettez de critiquer... Racine, Diderot, Voltaire ? un pygmée comme vous !

A quoi il faut leur répondre :

— Comment, vous vous permettez d'admirer Voltaire, Diderot, Racine ? un avorton de votre espèce ! Si vous avez le droit de les admirer, j'ai celui de ne les admirer pas. Admirer ou blâmer, c'est la même prétention ; le même fait : c'est « juger ».

JUMEAUX. — Heureux enfants, qui ont pu se mordre et s'égratigner, avant d'être au monde !

JUPITER. — Jugez de l'opinion qu'il avait des fils de la terre ! Quand il voulait enjôler une mortelle, comment se déguisait-il ? En homme ? Ah ! bien oui ! — En animal, en bête.

JURÉS. — Pour dire tout ce que je pense de leurs derniers verdicts, il me faudrait sortir de ma réserve et de ma modération habituelles. Je préfère donc me « récuser ».

JUSTICE. — Une parente éloignée... très éloignée, — de l'Équité.

L

LABICHE (Eugène). — A quelqu'un qui me
demandait : « Quel est, selon vous, le genre exact
de Labiche ? »

— Son genre exact, ai-je répondu, oh ! mon
Dieu, c'est bien simple : c'est le bon ! c'est le rire,
dans le bon sens ; c'est le fou-rire, dans la fantaisie ; c'est l'humour, dans la vérité ; c'est la
gaieté française et gauloise ; c'est Molière et Paul
de Kock amalgamés, Labichés.

Son théâtre l'a porté à l'Académie ; son discours
de réception l'a fait « académicien ».

LABORIEUX. — Heureux mortel ! Tu l'as trouvée, la pierre philosophale ; tu l'as trouvée, la
Terre promise ? — LE TRAVAIL ! Le travail, qui défie
l'ennui, qui ne fait qu'une bouchée du temps, de
la douleur même. Le saint travail, cette rosée
vivifiante, que Dieu n'envoie qu'à ses élus.

LÂCHE. — Cours donc en avant, imbécile! On ne reçoit pas plus de balles dans la poitrine que dans le dos. Et, si l'on doit t'en loger une, il vaut mieux la recevoir par la grande porte que par la porte de derrière.

LADRERIE. — Le grand cordon de l'avarice.

LAID. — De même qu'un Antinoüs, qui n'est pas de la force de Voltaire, ne doit pas laisser à la dame le temps de le percer à jour; de même, un homme laid, mais pas bête, ne doit démasquer ses batteries que quand il aura laissé à l'oreille le temps de tamponner les yeux.

LAIDE. — Quand on vous dit d'une jeune personne « : Et si aimable, et si bonne musicienne; et faisant si bien la salade japonnaise!.. » vous devez savoir à quoi vous en tenir. — Elle est horrible.

LAISSE. — Plus de chien, plus besoin de laisse! (Voyez : Collier.)

LAMENTATIONS, JÉRÉMIADES. — Inutile pour soi; et bien importun pour les autres.

LANDE. — Méfie-toi, belle indolente; Mᵐᵉ la charrue te guigne de l'œil.

LANGAGE. — « Moyen dont se sert l'homme pour exprimer ses sentiments... » dit le dictionnaire.

— « Tous » ses sentiments ?... Faites attention :
il y a des dames !

LANTERNE. — Accrocher un homme, — un
homme !... à une lanterne, dont la mission est
d'éclairer.
C'est une bien singulière idée.

LARCIN. — Un petit oiseau qui essaie son aîle ;
mais qui ne tardera pas à élargir... son vol.

LARD. — L'art, en Médanie.

LARMES. — Il vaut encore mieux en répandre
que d'en faire couler.

LARRON. — Le troisième nous venge des deux
premiers. Mais la comtesse de Jérusalem ne nous
venge pas assez souvent du troisième.

LAURÉAT. — Pauvre garçon ! C'est la fin qu'il
faut voir. Et c'est souvent la « faim » qu'il faut
craindre.

LAURIERS. — Feuille odorante avec laquelle
on accommode, également, un héros ou un lièvre.

LAVANDIÈRE. — La blanchisseuse du Parnasse.

LEÇON (de politesse). — On entend dire sans
cesse : « Je n'ai peu de leçons à recevoir de vous » ;
et cela quand, justement, on vient d'en mériter
une.

Il faut, au contraire, les recevoir en pareil cas ; et il faut, surtout, tâcher d'en profiter.

LECTURE. — Un art très délicat. Il ne faut, ni réciter comme un écolier ; ni déclamer comme un orateur ; ni jouer comme un comédien. Bref, une nuance très difficile à saisir et surtout à pratiquer.

LECTEUR. — « Quel bon sens ! » disent les auteurs, de celui qui les admire. — « Quel idiot ! » disent-ils, de celui qui se permet de les critiquer.

Sans jamais se demander, dans ce dernier cas, si c'est bien le lecteur qui est l'idiot.

LÉGALITÉ (la). — Probité relative, qui n'a rien de commun avec la délicatesse.

— J'ai toujours pu marcher « le Code haut », disait un vieux Normand, et c'est tout ce qu'on peut demander à un homme.

LÉGISLATEUR... — A ce qu'il croit, du moins.

LENTEUR.
« M'agace-t-elle moins que dame Turbulence ?..
Entre les deux mon cœur balance. »

LETTRE, BILLET. — La lettre a été donnée à l'homme pour dissimuler sa pensée... à distance.

LETTRES (homme de). — Je ne connais qu'un mortel toujours sûr de mériter ce nom. — C'est le facteur.

LIAISON. — Une pente rapide, qui conduit au « collage ».

LIBÉRALISME. — Un faux nez, qui tombe dans la poêle, dès qu'on en tient la queue.

LIBERTINAGE. — Une des manifestations les plus fréquentes de la curiosité.

LICENCE et **TYRANNIE.** — Tout bien pesé, quoique je ne l'aime guère, je préfère encore la Tyrannie à la Licence.

La Tyrannie nous dégoûte, au moins, de l'Esclavage; tandis que la Licence nous dégoûte de la Liberté.

LIEU COMMUN. — Une vérité qui radote.

LIÈVRE. — Si le chasseur, avec son fusil, trouve que le lièvre est un lâche, que doit penser de lui le lièvre, qui n'a même pas de pistolet ?

LIRE. — La question n'est pas de « lire, » — on lit toujours trop, — c'est de « bien lire » et de ne pas lire… de ce que vous savez.

LINCEUL. — Un vêtement que l'on confectionne « *à la Vilaine Jardinière.* »

LINOTTE (tête de). — Les linottes disent « tête de femme, » pour exprimer la même pensée.

LION. — Un zouave à quatre jambes.

LIT. — Le « reposoir » sur lequel on se repose le moins.

LIVRE. — Ne pas confondre un « volume » avec un « livre », comme on le fait sans cesse en Médanie.

— « N'en prêtez jamais, disait une Parisienne de beaucoup d'esprit ; on ne les rend pas. Ainsi, vous voyez, ceux qui sont là, dans cette grande bibliothèque : tous livres qu'on m'a prêtés ! »

LOCATAIRES. — Ces pauvres locataires, sont-ils assez à plaindre !... Et que je plaindrais encore plus leurs propriétaires, si ces gueux de propriétaires devenaient leurs locataires !

LOGIQUE (la). — L'art de divaguer, correctement ; et de dire des bêtises voulues, sans rien donner au hasard.

LONGUET. — Un euphémisme qui veut dire trop long.

LOQUACITÉ. — La mère du coton... dans les oreilles.

LOTERIE. — Une Californie... en Espagne.

LOUANGE. — Ne craignez pas d'y mettre le bain de pied.

LUBRICITÉ. — Le luxe... de la luxure.

M

MADAME. — Je connais des coiffeuses de sainte Catherine qui épouseraient un singe, à seule fin de ne plus être appelées : Mademoiselle.

MAGASIN. — Une boutique parvenue.

MAIRE. — Il opère quelquefois LUI-MÊME... quand l' « adjoint » est malade.

MAISONS. — Plus elles sont grandes et plus il y a de chances de pouvoir les appeler « des petites maisons ».

MAITRE D'ÉTUDE. — En voilà un qui doit avoir une jolie opinion de l'homme, s'il en juge par l'enfant !... Et c'est l'enfant qui ne doit plus guère avoir d'illusions sur l'homme, s'il en juge par le maître d'étude !

MAITRESSE. — Il vaut mieux en avoir deux qu'une. Sans quoi ce n'est plus une maîtresse qu'on a, — c'est un maître.

MAL. — Quand une personne dit, en parlant d'une autre : « Je ne lui souhaite pas de mal !... » on peut être sûr que ce n'est pas précisément du bien qu'elle lui veut.

MALADIE, INFIRMITÉ. — Il en est dont on peut guérir : les maladies physiques.

MÂLE. — Ne pas confondre avec « homme ». Ça n'a généralement aucun rapport.

MALHEUREUX. — Tout le monde. Celui qui ne l'est pas, en réalité, se figure l'être, et il le devient réellement, par cela même.

MALSONNANT (mot). — C'est relatif, cela dépend de l'oreille de l'auditeur. Ainsi, un mot qui sonnerait mal avenue de Villiers, sonnera mélodieusement... à Médan.

MAMAN. — A seule fin de s'entendre dire « Maman », pour la première fois, par le cher petit ange, une femme sans enfants consentirait, je crois, à être mère et à mourir après !

MAMELLE. — Chose étrange : c'est à la fois, une montagne... et une « gorge ».

MANANT. — Le premier de tous, c'est le père

Adam. Car je ne suppose pas qu'il ait jamais été duc et pair.

MANCENILLIERS. — Les plus redoutables poussent à Médan, comme des champignons, et il suffit de les arroser avec un peu d'encre.

MANCHON. — Boîte aux lettres, d'hiver.

MANET. — On cause peinture. — « J'aime beaucoup Manet ; et vous ? — Moi, je préfère Técel et Pharès... sans les connaître. — Mais songez donc qu'il a peint en plein air, en pleine lumière ! — Et c'est ce que je lui reproche : j'aimerais bien mieux qu'il eût peint — en pleine nuit ! »

MANGER. — Quand on a la bouche pleine, on ne peut pas parler.
Quand on ne parle pas, on ne dit pas de sottises. — On ne mange pas assez.

MANIAQUE. — Un mortel privilégié. — Il n'a qu'une seule folie.

MANOUVRIER. — Je reconnais qu'il « peine ». Mais s'il se figure qu'un médecin, un avoué, un avocat, un peintre, un journaliste, un écrivain, un marchand... s'il se figure que ceux-là ne « peinent » pas aussi, il se trompe de beaucoup. — Et il se le figure.

MANSARDE. — Assez grande pour recevoir un lit, et trop petite pour recevoir un piano... Mais c'est l'idéal !

MARAIS. — Un habitant du Marais a reçu une lettre, dont l'adresse était ainsi conçue : « M. X..., rue Vieille-du-Temple.

« Paris-Province. »

MARÂTRE. — Une belle-mère, dont les belles-filles sont, souvent, des *belle-fillâtres*.

MARAVÉDIS. — Pour dépeindre la pauvreté d'un bohème, on dit qu'il n'a pas « *un* maravédis ». C'est horrible, sans doute ; mais je me demande s'il serait beaucoup plus riche, s'il n'en avait qu'un.

MARBRIER. — J'en connais un qui avait la spécialité des épitaphes les plus onctueuses. Il avait pris pour enseigne :

« Au parfait défunt ! »

MARGUERITE. — Quand vous effeuillez une marguerite, allez donc tout de suite à « pas du tout », puisqu'il faut toujours en arriver là !

MARIEUSE. — Une marieuse disait dernièrement à une de ses protégées : « Je vous le présenterai demain, au Gymnase. Ah ! n'oubliez pas de mettre votre robe verte.

— Pourquoi ma robe verte ?
— Couleur *des espérances !* »

MARIONNETTE. — Tantôt l'homme, tantôt la femme. Enfin, celui qui est le plus pincé des deux.

MARITALEMENT. — Ils sont mariés ?

— Non ; mais ils vivent maritalement.

— Comment, ils se battent ?

MARIVAUDAGE. — En Médanie, dire seulement : Cambronne ! Dire : Le petit endroit, un vase de nuit... au lieu de mettre les pieds... dans le pot, ça s'appelle : du marivaudage.

MARONNEUR. — Le père Pollet, un grand artiste, était un peu bougon. Un de ses camarades l'avait surnommé : « Le *Marronneur*, du 20 mars ».

MARTYR (un). — Voyez : Mari.

MARTYRE (une). — Voyez : Femme.

MASQUE (au figuré). — Gardez-le, cher monsieur. Puisque vous croyez devoir vous en couvrir, c'est que ce qu'il y a derrière n'est pas joli, joli.

MASSUE. — J'en connais qui ont des couvertures jaunes et qui coûtent 3 fr. 5o.

MATERNEL (amour). — Cet amour là, on en boirait. — Et c'est ce que fait monsieur Bébé, qui n'est pas une bête.

MATHÉMATIQUES. — Ça empêche donc d'avoir du bon sens ? et ça vous force donc à être ergotteur et pointu ?

— Il paraîtrait.

MATIN. — Méfie-toi, mon garçon ; voilà tes semblables qui se lèvent, tout frais émoulus — méfie-toi !

MAUSOLÉE. — Ça vous fait une belle jambe !

MAUVAIS, MÉCHANT. — Un sot, un idiot ; qui n'a pas de plus grand ennemi que lui-même.

MÉCHANCETÉ. — L'apologie de l'hypocrisie.

MÉDAILLON. — L'histoire du cœur ; petit roman, relié en or.

MÉDECIN. — Le seul créateur, avec Dieu : car il trouve moyen de faire quelque chose... d'un rien.

MÉDAN. — Le chef- « lieux » du Naturalisme. Il est borné... (oh ! très borné !) au nord, par la description ; au sud, par la narration ; à l'est, par la suffisance, et à l'ouest, par l'insuffisance.

Au milieu de la cour d'honneur, la statue équestre de Cambronne, à cheval sur une grosse caisse.

Nota. Ne cherchez pas le « petit endroit » : il n'y en a pas. Le maître du logis fait ses besoins — dans ses livres.

MÉDISANT. — Un monsieur qui a oublié que, si l'on ne doit jamais dire que la vérité, toute vérité n'est pas bonne à dire.

MÉFIANT. — Un particulier qui a dû apprendre

à se méfier des autres — en se livrant à l'étude approfondie de lui-même.

MEILLEUR. — Heun ! ce n'est généralement pas beaucoup dire !

MÉLANCOLIQUES. — Les fakirs de la tristesse.

MÉLODRAME. — Une parodie... sans le savoir.

MÉLOPÉE. — Voyez : Morphée.

MÉMOIRE (la). — Elle n'est pas tout. Mais, sans elle, le reste n'est rien. A quoi servirait d'avoir la poésie, l'éloquence, si elle n'était pas là pour nous donner la rime et le mot ? C'est la clé de l'esprit.

MÉNAGE. — Voyez : Ménagerie.

MENDICITE. — J'en connais d'aucuns qui en ont fait un art véritable.

MENSONGE. — Quel drôle de genre « d'imagination ».

MENTEUR. — Quelqu'un reprochait à un filleul, devant sa marraine, d'être un affreux menteur.

— Que voulez-vous, dit la bonne femme, pour l'excuser, il ne fait que des sottises et des turpitudes, le pauvre chéri ; et il est bien forcé de les cacher.

MÉPRIS. — La réponse des honnêtes gens ; d'autant plus éloquente qu'elle est muette.

MÉPRISER. — Un exercice auquel on a trop de tendance à se livrer envers les autres, avant de s'être bien confessé soi-même.

MÈRE. — Ah ! chère « instinctive », continue à ne jamais « raisonner »; car, alors, tu deviendrais « un juge » et tu ne pourrais plus pardonner, éternellement, à l'éternel coupable.

MÉRIDIONAL. — Pour un rien il dirait : « Ce n'est pas moi qui suis du Midi ; c'est le Midi qui est de moi ! »

MÉRITE. — C'est surtout ceux qui n'en ont pas qui arrivent, et c'est tout simple : tandis que le mérite cherche, lentement, à percer, la médiocrité, qui ne doute de rien, arrive par l'aplomb et l'escalade.

MÉSALLIANCE. — Quand un gentilhomme épouse, pour ses écus, la fille à Mercadet, ce n'est pas lui qui se mésallie. La « mésalliance » est pour la demoiselle.

MESSALINE. — J'aurais bien voulu voir ce qu'eût fait Lucrèce — avec son tempérament.

METAL. — « Comment, mon cher Rapineau, vous traitez l'argent de vil métal , vous ?
— Assurément... puisque « l'or » vaut vingt fois plus ! »

MÉTEMPSYCOSE. — Dans le corps de quel animal son âme a-t-elle bien pu se loger, avant de passer dans le corps qu'elle occupe aujourd'hui ?

— Un aigle ? — Oh certainement non ! — Un âne ? — Encore moins, car il est loin d'être ignorant. — Un cheval, un bœuf ? — Plutôt ; car il est laborieux. — Un paon ? — Peut-être bien ; car il manque un peu... d'immodestie. Mais cette âme a dû, surtout, résider dans la peau d'un... d'un... Cochon de mot !... je ne peux pas venir à bout de le trouver !

MÉTIER (le). — Avis aux jeunes auteurs dramatiques : Ayez-en. N'en faites pas.

MÉTROMANIE. — Une folie douce.

MEUTE. — On dit, couramment : « Une meute de créanciers ». Soit. Mais nous ferons remarquer que si les créanciers aboient, c'est, en somme, la « meute » des débiteurs qui mord, et qui enlève le morceau.

MIDI (le). — Un mot de Méry, qui le peint tout entier :

— Oui, disait-il, en parlant de ses compatriotes, *ils* sont bien fanfarons, bien hâbleurs... mais *nous* avons tant d'esprit !

MILLION. — « De quoi boucher ma dent creuse !... », me disait hier Aspasie.

MINEUR (ouvrier), **VERRIER, CHAUFFEUR, PAVEUR, COUVREUR.**

De durs métiers, sans doute. Mais, ces métiers, on ne les impose à personne ; et il est probable que ceux qui s'y consacrent seraient peu propres à en exercer d'autres. Puis, comme il faut bien qu'on s'y livre, si ce n'étaient pas ceux-ci, il faudrait que ce fussent ceux-là ; et alors, ce seraient ceux-là qui deviendraient ceux-ci, et qui se plaindraient à ceux-ci d'être ceux-là... et ainsi de suite. Donc, un cercle vicieux ; comme tout le cercle social, et qu'on ne peut que tenter d'élargir; au nom de l'humanité, dans la mesure du juste et du possible.

MINISTÈRE. — *Le passage de l'ambition.*

MINISTRE. — Un simple prédécesseur.

On tombe malade, on tombe dans la rue, on tombe d'un toit, on tombe du haut mal... Mais la chute la plus grave qu'on puisse faire, quand on tient à son repos, c'est de tomber... ministre !

MINOIS. — Plus d'œil que de fond ; plus de mousse que de vin. Il donne plus de plaisir que d'amour; il engendre plus de caprices que de passions ; et je suis loin de lui en faire un reproche.

MINUTES. — Les virgules du temps.

MIRACLE. — *L'Attaque du moulin*, sortant un jour des ateliers de Médan !

MIRAGE. — La fraternité, la paix universelle,

l'extinction du paupérisme, etc.; l'extinction de la folie humaine, le règne du bon sens et de la raison... autant de « mirages ! »

Mais ce qui n'est pas un mirage, c'est l'effondrement du Documentisme, et à bref délai !

MIRLITON. — La trompette du plaisir, de l'insouciance et de la gaîté; et c'est la bonne !

MISANTHROPE. — Jusqu'à... 30 ans, il est tout naturel, il est même bon d'avoir foi en l'humanité. De 30 à 40, on peut devenir misanthrope ; c'est-à-dire la détester de tout l'amour qu'on avait pour elle ; de tous les rêves qu'elle a mis en fuite ; de toutes les fleurs qu'elle a fanées ; de toutes les larmes qu'elle nous a fait verser. Mais plus tard, s'indigner encore, la mépriser même ?... Ce serait lui faire trop d'honneur. A dater de 40 ans, on doit en rire ! oui, le rire, le rire de Rabelais, le rire à ventre déboutonné, voilà tout ce quelle comporte, tout ce qu'elle mérite et tout ce qu'il faut lui donner.

MISÉRICORDE. — La fringale de la bonté.

MISÉRICORDIEUX. — Un malin, qui veut s'assurer de bonnes nuits, en attendant une mort paisible.

MITAINES. — On en met trop.

MITOYENNETÉ — Messieurs les avoués, messieurs les avocats, à vos pièces !

MOBILIER. — Le premier rêve d'Amanda, qui s'échelonne ainsi :

Noyer ;

Acajou ;

Palissandre ;

Ébène incrusté.

Après quoi nous passons au petit hôtel, au coupé et au landau.

Après quoi nous passons... à l'hôpital ; après avoir souvent passé — par Saint-Lazare.

MODE. — Une caricature, en herbe.

MODÈLE. — Un modèle à la barbe blanche se présente chez un peintre.

— Et qu'est-ce que vous « posez », mon ami ?

— Je pose les christs.

— Comment, les christs ? à votre âge ?

— Les vieux christs !

MODESTIE. — Est-ce l'ignorance de ce qu'on vaut ?

— Non, certes.

— C'est donc l'hypocrisie de l'orgueil ?

— Non plus. C'est « la discrétion de l'amour-propre ».

MŒURS. — J'entends toujours dire, en parlant de nos gommeux, « qu'ils n'ont pas de mœurs ». Saperlipopette ! qu'est-ce que ce serait donc, s'ils en avaient ?

MOI. — Son papa se nomme l'Orgueil, et sa maman l'Égoïsme.

MON. — Pronom possessif, que l'on confond trop souvent avec *ton*, *son*, *leur*. Il précède, habituellement, une qualité : *mon* esprit ; *ma* supériorité ; *mes* talents.

MOINE. — Mais, malheureux, du moment que tu vis avec des hommes, le monastère, ce n'est que le monde, en petit.

MONOLOGUE. — Puisque l'acteur se parle à lui-même, ce n'est évidemment pas au public qu'il s'adresse. Aussi ledit public commet-il bien rarement l'indiscrétion de l'écouter.

MONOMANE. — Un fat, qui se vante de n'avoir qu'une seule folie.

MONTANT, MONTANTE. — Au jeu des petits papiers.

— Quelle est la robe la plus montante ?

— La plus... « montante » ?... Dame, une robe décolletée.

MORALISTES, PENSEURS, PSYCHOLOGISTES. — On fait, selon nous, beaucoup trop de cas de ces froids écrivains, dont tout le mérite consiste dans l'analyse, dans la dissection des passions et des sentiments.

En littérature, l' « analyse » ne vient qu'au second plan.

La belle affaire que de se livrer à des raison-
nements, à des dissertations sur l'orgueil, l'envie,
l'égoïsme, etc. ! Pour un romancier, et surtout
pour un auteur dramatique, un peu digne de ce
titre, l'analyse n'est qu'un sous-entendu ; une
simple base d'opération, une des mille cordes de
leur arc ; puisqu'ils procèdent par la « synthèse »,
qui implique, forcément, la connaissance préa-
lable et l'analyse du cœur humain.

La seule *excuse* des écrivains qui se sont livrés
à ce genre d'escrime, c'est d'avoir, peut-être, pénétré dans l'âme humaine un peu plus avant que
M. Tout-le-Monde. C'est d'avoir précisé, plus
nettement, ce dont chacun avait le sentiment et
la connaissance, sans en avoir la meilleure formule ; c'est, enfin, d'avoir revêtu leurs froides
réflexions d'un style plus net et plus précis... que
celui de M. Edmond de Goncourt.

C'est leur seule « excuse », disons-nous ; car
s'ils ne l'avaient pas, ce serait à leur rire au nez
d'avoir osé découvrir l'Amérique, une fois de plus,
et ressassé des vérités, que leur blanchisseuse et
leur portier connaissaient, d'instinct, presque aussi
bien qu'eux.

Les Molière, les Augier, les Dumas, qui, pourvus comme eux de l'analyse, ne s'en servent que
pour mettre les sentiments, les passions en jeu, en
présence, en mouvement ; pour en faire ressortir
les effets, les dangers, par des chocs, des résultats
et des conséquences ; laissant au public le soin
facile de remonter des effets aux causes... Ceux-là

sont de cent coudées supérieurs à MM. du Scalpel et du Microscope ; puisqu'ils ont, nécessaire-
ment, de par la synthèse, toute la science analy-
tique du moraliste. Tandis qu'il est défendu à
celui-ci de faire mouvoir, par la synthèse, des
passions, des sentiments, qu'il a disséqués, mais
qu'il tenterait, vainement, de revêtir de chair et
d'os ; de faire agir, parler ; de faire rire ou pleu-
rer ; de rendre enfin vivants et palpables.

Il n'est pas d'auteur dramatique ni de romancier, d'une certaine envergure, qui n'aient été en
mesure d'exploiter la psychologie, en maîtres
penseurs. Il est même peu de vaudevillistes qui
n'eussent pu traiter la matière avec compétence
et d'une façon très suffisante.

Tandis qu'attelés, soudés, vissés ensemble, tous
les penseurs, tous les moralistes du monde auraient
été incapables de faire, non seulement *Le Gendre
de M. Poirier*, *Le Demi-Monde* ou *Le Voyage de
M. Perrichon*. Mais ils se seraient vainement battu
les flancs pour en faire sortir *L'Homme n'est pas
parfait*, *Le Tigre du Bengale* ou *Le Misanthrope
et l'Auvergnat*.

Dans une pièce de Labiche intitulée *Moi*, un
vieux garçon voulant épouser une jeune fille,
l'amie de celle-ci, dans l'espoir de le détourner de
son projet, lui racontait qu'une parente à elle,
mariée dans des conditions semblables, avait été
fort malheureuse. — Mais, le mari ? dit le vieux
garçon. — Oh ! il a été très heureux ! — Eh ! bien,
alors !!!

Et soyez bien certain, monsieur le duc, que
toutes vos maximes sur l'égoïsme n'en diront et
n'en apprendront jamais autant que cet : « Eh !
bien, alors !... »

De même que, dans *Le Gendre de M. Poirier*,
le : « Tous les enfants sont des ingrats... Mon
pauvre père avait bien raison !... » mettra dans
le troisième dessous toutes les dissertations sur
l'inconscience et l'ingratitude.

L'analyse, c'est le moins.

La synthèse, c'est le plus.

Qui peut le plus peut le moins, sans que la réci-
proque en résulte ; au contraire.

Donc, messieurs les analyseurs, moralistes et
psychologistes, place au romancier, place à l'auteur dramatique. — Place à LA SYNTHÈSE !

**MORGUE, SUFFISANCE, JACTANCE, INFATUA-
TION, etc.** — Je connais beaucoup de personnes
qui en ont. Mais, je ne sais pourquoi, je les ai
toujours trouvées plus à plaindre... qu'à envier.

MORT (la). — S'il y a un autre monde, il doit
bien valoir autant que celui-ci. Si c'est le néant,
il ne peut que lui être infiniment préférable. Donc,
partons gaîment ! D'ailleurs, il est bien évident
qu'on est mieux là-bas qu'ici... puisque personne
n'en est jamais revenu.

MORTELS. — Heureusement pour eux qu'ils le
sont. Sans cela, comment les hommes feraient-ils
pour s'entre-tuer ? Ce serait à dégoûter de la vie.

MOTS (bons). — On trouve d'ordinaire que, plus ils sont « méchants », plus ils sont « bons ».

MOUCHARD. — On n'est pas plus indiscret.

MOULE. — Mme X..., disait un pêcheur d'Etretat, c'est une vraie Vénus. Elle est faite... *en moule !*

MOULINS. — Pauvres moulins, ils ont dû être bien contrariés de la disparition des bonnets ?
— Au contraire : maintenant, ils portent chapeau.

MOURIR. — Quelle singulière contradiction : nul, je crois, ne voudrait être « immortel ». Mais, il est évident, lorsqu'arrive la dernière heure, qu'on voudrait ne jamais « mourir ».

MOUQUETTE. — La Phœbé du beau ciel de Médanie. — Une bien drôle de lune : toujours couchée !

MOUSSELINE. — « Sainte mousseline », a dit Sardou.
Heun ! Une sainte... nitouche, alors. Car elle a des façons de cacher les choses, qui ne font que les mieux montrer.

MOUVEMENT (le premier). — « Méfiez-vous en, a dit M. de Talleyrand. C'est le bon. » Entendons-nous, pourtant. Au premier appel du clairon, pour un Murat, le premier mouvement sera de marcher de l'avant, oui.

Mais, pour Thersite, ce sera de prendre ses jambes à son cou ; et raide !

MULET, BŒUF, MOUTON, CHAPON. — Substantifs « neutres ».

MÛR (adjectif). — Je connais des hommes verts, et des hommes mûrs, si l'on parle de leur âge. Mais des hommes « mûris ? », j'en connais peu.

MURMURE, PLAINTE SOURDE. — Plus haut, si tu veux qu'on t'entende — et tais-toi, si tu as peur d'être entendu.

MUSC. — Un parfum — qui empoisonne.

MUSELIÈRE. — Pas de chien, pas besoin de muselière ! (Voyez Chien, Laisse et Collier.)

MUSIQUE. — « La façon la plus désagréable de faire du bruit... », a dit Théophile Gautier. « La plus désagréable » est peut-être un peu... exagéré.

MUSIQUE (de l'avenir.) — Et dire qu'on l'appellera toujours comme ça... toujours !

MYOPIE. — Maladie purement physique. Au moral, il n'y a pas de myopes... il n'y a que des aveugles. — Et ce qu'il y en a !

Un myope, à un opticien :

— Et après le numéro 6, qu'est-ce que vous me ferez prendre ?

— Le numéro 4.

— Et après le numéro 4 ?

— Le numéro 2.

— Et après ?

— Après ?... un caniche !

MYSTIFICATEUR. — Avez-vous assez donné dans le godan, hein ?

— En effet, monsieur. Et je vous demande bien pardon de ne pas vous avoir pris, tout de suite, pour ce que vous êtes : un imposteur et un imbécile.

MYTHOLOGIE. — La meilleure preuve que c'étaient de faux dieux, c'est qu'ils venaient sans cesse, sur la terre... pour leur plaisir. Ce n'est pas notre bon Dieu qui ferait un pareil impair. Il a envoyé, une fois, son fils parmi nous, pour tâter le terrain ; et ça lui a suffi.

N

NACELLE. — Petite barque, qui sert à traverser... les barcaroles.

NACRE. — Les opales de rigolette.

NADAUD (Gustave). — On a pu assigner à Nadaud sa « place » véritable dans la chanson, en lui décernant... la première.

Mais, jusqu'ici, ses fidèles eux-mêmes — c'est-à-dire, tout le monde — ne l'ont pas encore placé à son « rang ». On a reconnu, on a acclamé son talent ; mais on ne l'a pas spécifié.

Je m'explique.

Chacun s'empresse de lui accorder, sans conteste : l'esprit, la verve et la gaîté — et aussi la grâce et l'élégance — et l'humour, et la fantaisie. Puis, la franchise et la rondeur, marchant, bras dessus, bras dessous, avec la tendresse et l'ironie. Et quoi encore ? On reconnaît que, souvent Gau-

lois, Français toujours, c'est aussi un Athénien...
de Paris.

On reconnaît, enfin, qu'il a toutes les cordes,
tous les accents du cœur; et toutes les notes de
l'esprit; sans compter les notes — de musique.

Bref, on reconnaît qu'il a tout.

— C'est bien gentil déjà, me dira-t-on; c'est
même beaucoup.

— Oui, c'est beaucoup... et, cependant, ce n'est
pas assez.

Ce qui distingue Nadaud entre tous; ce qui
doit lui faire une place à part et unique, c'est qu'il
ne procède, c'est qu'il ne descend, c'est qu'il n'est
ni l'enfant, ni l'élève de personne. Il est à la fois
son élève et son maître; à la fois son fils... et son
père.

Et vous l'allez bien voir.

Panard a été le fondateur ou, tout au moins, le
Malherbe de la chanson. Et, si grand que fût son
verre, Panard buvait dans son verre et le vidait,
sans trébucher.

Jusque-là, tout va bien. Mais le malheur, c'est
que ses enfants ont trouvé plus commode d'y boire
aussi, que de s'en tailler de nouveaux, si petits
qu'ils eussent pu être.

Piron, Collé, Gallet, Favart; puis, Laujon,
Barré, Radet, Desfontaines; Piis, Brazier, Théau-
lon... de gais buveurs, sans doute; mais des buveurs, à la suite; et les fidèles apôtres de cette
sirène, engageante et facile, qu'on nomme : la
chanson à tiroir.

Oh ! le tiroir !... un moule, un corset, tellement despotique, un engrenage tellement implacable, que·vingt chansonniers, attelés au même refrain — surtout si ce refrain est un dicton ou un proverbe, — ces vingt chansonniers nous feront tous la même chanson, à la forme près. Et mieux ils sauront leur métier, et plus leurs chansons seront... cousines.

Ces joyeux fils de Panard avaient tous, entre eux, un air de famille qui, s'il témoignait de leur respect pour l'aïeul, poussait un peu trop loin cette vénération.

Chacun, assurément, levait le coude, à sa manière, et ne versait pas toujours le même vin dans le calice paternel ; mais c'est dans ce trop vénéré calice que chacun se désaltérait.

Désaugiers lui-même, s'il a bu plus largement que les autres ; si son trait, son style était souvent plus mousseux, plus champenois ; si sa rime était plus corsée, plus bordelaise, plus château-laffitte... Désaugiers, en somme, buvait aussi dans le verre à Panard.

Et, disons-le, Béranger, jusqu'au jour où il trouva sa voie personnelle dans l'ode et dans la satire politique, notre grand Béranger buvait, — en maître « beuveur », assurément, — mais il buvait dans ce verre... de Nessus ! Enfin surgit Nadaud qui, dédaigneux de la coupe sacrée, tira de sa poche un gobelet neuf et de sa fabrication.

Un vrai gobelet de Robert-Houdin, où coulaient successivement tous les nectars ; et des nectars sortis de sa cuve, comme son gobelet était sorti de sa forge.

Oui, messieurs, non seulement Nadaud est le seul de nos trouvères qui n'ait procédé de personne et qui n'ait ressemblé à personne ; mais encore, — et c'est là le bouquet, — il est, de tous, celui qui se ressemble le moins, — à lui-même.

Vaguons un instant dans l'hypothèse. Voyez-vous d'ici l'étonnement de *Pandore*, recevant la *Réponse* de l'étudiante ? L'ébahissement des *Reines de Mabille*, recevant *le Message* ?... Du père *Bonhomme*, qui jouit d'une si belle santé, lisant une ordonnance du *docteur Grégoire* ?... De *Boisentier*, si sûr d'être le père de son fils, se croisant avec *Madeleine*, qui lui demande s'il connaîtrait le père du sien ?... de *Trompette*, la terrestre, voyant passer le *Voyage aérien* ?... Puis, elle, qui en a tant vu ! rencontrant ce pauvre bon vieux « qui n'a jamais vu *Carcassonne* ? Voyez-vous l'épatement des *Rats*, coudoyant *les Ecrevisses*, au milieu du *Pays latin* ?...

Du joli mois de *May*, soupant avec *Manon* et très saillant à ce cri d'angoisse, partant du *Nid abandonné*.

Voyez-vous, enfin, l'effarement de la belle Adèle accostée par *l'Aimable voleur*, et l'effondrement de celui-ci, arrêté par les *Deux Gendarmes* ?...

Voyez-vous l'ahurissement de toutes ces oppositions, de tous ces contrastes, de tous ces antipodes, en découvrant qu'ils sont frères et sœurs ? que, bruns ou blonds, rêveurs ou folâtres, ils sont

12.

les fils du même père ? Et voyez-vous en même temps, leur joie et leur orgueil, en apprenant que ce père Gigogne, qui fait des enfants si tranchés et si gaillards, n'est, lui, le fils de personne ?

Voilà pourquoi j'ai dit, et pourquoi je répète, que si haut qu'il ait été placé, Nadaud, jusqu'ici, n'a pas été mis à son « rang » et n'a pas été décoré du titre qui lui appartient : « Le second fondateur de la chanson... » Comme il y a longtemps que j'avais tout cela sur le cœur, je n'étais pas fâché de le lui dire, à son nez et à sa barbe ; et de le remettre un peu... à son plan !

NAIN. — Une exception ; mais seulement dans l'ordre physique.

NAISSANCE. — C'est un don qu'on nous fait — mais c'est bien rarement « un cadeau ».

NANA. — Simple réflexion :
Jadis, le marquis de Sade, est-ce qu'on ne l'a pas enfermé à Charenton ?

NARCOTIQUE. — Le dépôt principal est à Médan. 3 fr. 5o le flacon — broché.

NASILLARD. — C'est généralement un grincheux.
Remarquez que les personnes mêmes qui ne nasillent pas d'ordinaire, parlent du nez quand elles sont de mauvaise humeur.

NATATION. — Nous apprenons souvent la natation, sans parvenir à nager. Les animaux nagent sans apprendre la natation. — Il est vrai que nous ne sommes que des hommes.

NATION. — Un troupeau de citoyens.

NATUREL (le). — Puisqu'il revient au galop quand on le chasse, je ne vois qu'une chose à faire : c'est de le garder, dans notre écurie.

NAUFRAGE. — L'homme n'est pas fait pour aller sur l'eau. — Fallait pas qui y aille !

NAUSÉABOND, NAUSÉE. — Ce qui est nauséabond cause, forcément, des nausées.

Il est donc tout naturel que le Documentisme, à jet continu... c'est compris.

NAVAL (combat). — Il paraît que la terre n'était pas, pour l'homme, un assez vaste champ de destruction.

NÉANT (le). — Le Documentisme, retournant à son point de départ.

NÉGOCIANT. — Ne l'appelez jamais « marchand... » Il vous battrait ; ni surtout, « boutiquier... » Il vous tuerait !

NEIGE. — Quand elle nous tombe sur la tête, c'est notre premier linceul ; celui de la jeunesse et de l'amour... Et nous n'avons plus qu'un vœu à faire : c'est que le second ne se fasse pas trop désirer.

NÉNUFAR. — L'oncle d'Eloïse en avait découvert un qui « tranchait » toutes les difficultés.

NÉOLOGISME. — Le besoin s'en fait-il bien sentir ? Tâchons de ne pas manquer « d'idées » et alors, croyez-moi, ce ne sont pas les « mots » qui nous manqueront.

·NÉPOTISME. — Il est né... comme ça ; et il n'a pas l'air d'avoir envie de mourir de sitôt.

NERFS. — Une espèce de harpe, dont les femmes jouent dans la perfection.

NEUF, NOUVEAU (le). — Méfiez-vous-en, messieurs les auteurs ; Mme de la Routine n'aime pas bien ça ; et Mme de la Routine est une grande dame, une très grande dame !
P.-S. — Ah ! bath, tant pis ! allez-y tout de même et allez-y gaiement. Toutes les vérités ont commencé par être des paradoxes, et ont fini par devenir des lieux communs.

NEUTRALITÉ. — Une prude, qui craint toujours de se compromettre.

NEVEU. — « Mon oncle... je viens... »
L'oncle (l'interrompant du geste et tirant son portefeuille) — Combien ?

NÉVROSE, VAPEURS. — Une maladie qu'on guérit comme par enchantement, avec un coupon de chantilly ou une pelisse en renard bleu.

NEZ. — Pardon, mon cher maître : le nez, c'est fait pour respirer, pour renifler... mais ce n'est pas fait pour « parler ».

NIAISERIE. — Le vagissement de la Bêtise.

NICHE. — Pas de chien, pas besoin de niche ! (Voyez : Chien, Collier, Laisse, Muselière.) ·

NID. — L'orchestre du père Adam.

NIER. — « Il faut toujours nier, mordicus, » disait Mme Cardinal à sa cadette. « Qu'est-ce qu'on risque ? Si ça passe, ça passe. Si ça ne passe pas, il n'en est ni plus ni moins... »

NITOUCHE (sainte). — Si elles allaient toutes au ciel, je crois qu'il faudrait reculer les cloisons de l'Empyrée et ouvrir des succursales !

NIVEAU. — Va pour le « niveau »... Mais pas celui de Procuste, s'il vous plaît.

Par celui qui consiste à rallonger les nains et à rogner les grenadiers.

NOBLESSE (la). — Par elle, on est *un noble*. Mais elle ne fait pas qu'on soit « noble ». Cependant, elle y contribue : « Noblesse oblige ».

NOIRCIR (quelqu'un). — Le blanchir me paraît plus facile — en principe.

NOM. — Un beau nom, c'est comme la fortune.

C'est souvent plus difficile à conserver qu'à conquérir.

NON. — Si la dame a répondu : Non, c'est qu'on l'avait suppliée de dire : Oui. On a eu tort. N'interrogez jamais. Tâchez de deviner ; et partez de là pour prendre, ou la dame par la taille... ou votre canne et votre chapeau.

NOSTALGIE. — Si l'on en juge par leurs déplacements et villégiatures, ce n'est pas de leur pays que les Anglais ont la « nostalgie » ; c'est du nôtre.

NOURRICES. — Elles donnent la vie aux enfants, pour 60 francs par mois — et le savon.

Elles les tueraient, pour 65 — avec le battoir.

NUANCES. — Plante délicate, absolument inconnue en Médanie.

NUIT. — « Je dors douze heures par nuit, disait Mercadet à Vivier. Et, quand on dort comme ça, c'est qu'on a le cœur pur. »

Vivier (avec son plus doux sourire) : — Ou la conscience large.

NUBILITÉ. — En France, une jeune fille est nubile à quinze ans.

... « Mais aux âmes bien nées,
La valeur n'attend pas le nombre des années. »

NUL, NULLITÉ. — On peut être « nul, » sans passer, tout de suite, pour une « nullité ». Ainsi, par exemple... J'ai oublié son nom ; mais tout le monde le connaît !

O

OBÉIR. — Nous n'obéissons guère qu'à nos instincts — et surtout aux mauvais.

OBJETS D'ART. — Voici comment on les juge. Une Parisienne, à un marchand : — Elle est ancienne, cette petite jardinière? — Non, madame, elle est moderne — Ah! c'est dommage... Elle *était* si jolie !

OBLIGER. — Encourir la reconnaissance de quelqu'un.

OBSCÉNITÉS. — La preuve la plus flagrante de l'absence de goût, de tact et d'esprit.

C'est assez dire à quelle boutique il faut frapper pour s'en procurer.

OBSESSIONS. — Je m'étonne qu'il y ait tant de gens qui s'y livrent. Il me semble qu'il doit être au moins aussi obsédant d'obséder qu'il est obsédant d'être obsédé. De même que j'aimerais bien mieux crever de faim, que de demander l'aumône aux passants.

OBSÈQUES, FUNÉRAILLES. — Oh ! oh ! Il paraît qu'il ne s'agit pas d'un « homme » qui est « mort » ; mais d'un « monsieur » qui est « décédé ».

OBSÉQUIEUX. — Un personnage qui finirait par nous faire préférer M. Sans Gêne ou Boireau.

OBSERVATOIRE (l'). — Dire que cette pauvre Phœbé ne peut ni se lever, ni se coucher, sans être lorgnée, sans être télescopée par ce nouvel Endymion !

OBSTACLES. — Des stimulants ; des éperons.

OBSTINATION, ENTÊTEMENT. — En Bretagne, et dans bien d'autres pays, on appelle cela : avoir du caractère.

ODALISQUES. — Une trentaine de « femelles » qui sont obligées de se cotiser pour faire « une femme ».

ŒILLADE. — Télégraphie privée.

ŒUVRES. — On nomme ainsi les ouvrages de l'esprit, mûris et composés à loisir.

Mais ceux que l'on « pond » au jour le jour — et vous savez desquels je veux parler, — il nous paraîtrait plus logique de les appeler : *des œufs !*

OFFICIER (de la Légion d'honneur). — Le terme de l'ambition... tant qu'on n'est que chevalier !

OIGNON. — Les neveux en font une grande consommation, à la mort de leurs oncles. C'est la moutarde de la Sensibilité.

OISIF. — L'infortuné ! Il s'ennuie bien. — Et ce qu'il y a de fâcheux pour ses amis, c'est qu'il n'est pas égoïste : il les associe à son malheur.

OISIVETÉ. — On dit qu'elle est la mère de tous les vices. Et c'est bien naturel, puisque le travail est le père de toutes les vertus, comme de toutes les joies.

ONCLES. — Des parents, qu'on aime à voir partir pour l'Amérique... Et, surtout, pour le ciel.

OHNET (Georges). — « Comment, vous en êtes encore à faire des romans, selon la règle ? »

Mais, c'est de la folie, monsieur, c'est du délire !... « Décrivez, mon enfant, décrivez n'importe quoi. Décrivez... votre potager ; les navets, les carottes et, surtout, les flageolets ; sans oublier le petit endroit, qui est au bout.

Décrivez-nous le marché au beurre, une belle charcuterie, une boucherie modèle ; une vacherie, une écurie et particulièrement une étable ; décrivez-nous, minutieusement, le tas de fumier, sur lequel mâles et femelles vont travailler... de leur sexe ; et n'oubliez pas de nous les bien montrer dans l'exercice de leurs fonctions.

Enfin, décrivez ce qu'on n'avait jamais décrit, tout ce qui est inutile, oiseux ou par trop odorant ; ne craignez pas de vous perdre un peu, de patauger dans tout cela ; ne craignez pas de vous baigner dans une cuvette, de vous noyer dans un bourdaloue — et vous serez considéré... en Médanie. »

OPÉRA — Prononcez : mélopée, oratorio, contre-point, « fugue... » Et ce dernier mot vous dictera votre conduite.

OPINION. — Pourquoi n'en changerait-on pas ? Est-ce que, quand le vent change, le marin ne retourne pas sa voile ? Puis, ça rompt un peu la monotonie de l'existence. Enfin, ça prouve qu'on en avait une !

OPPOSITION. — Au théâtre, elle amène les « situations ». Au Parlement, elle les complique.

OPPRESSEUR, OPPRESSION. — Ah ! non ! nous en avons assez, de cette guitare-là. Un homme ne peut vraiment pas opprimer, à lui tout seul, tout un peuple qui ne s'y prêterait pas. On n'a que les menottes qu'on mérite et auxquelles on a tendu les mains.

OPTER. — A quoi bon ? Tirez à pile ou face. Le hasard ne peut pas être plus bête que nous !

OPTIMISTE. — Un monsieur qui, évidemment, n'a jamais voyagé... en Médanie.

ON. — Le bouc émissaire. Le bouclier de la médisance. « *On* m'a dit... *On* m'a affirmé. » Ah! il a bon dos, ce pauvre ON.

OPUSCULES. — Un opuscule peut être un « ouvrage ». Voyez *Colomba*, voyez *Matéo Falcone*, (qui a 19 pages). Et un gros volume peut n'être qu'un opuscule... Voyez *Nana*..., etc.

ORANG-OUTANG. — Pauvre animal ; un pas de plus, et c'est un homme !

ORCHESTRE. — Son excuse, c'est qu'il empêche d'entendre certains chanteurs. Que ces chanteurs arrivent, maintenant, à empêcher qu'on entende l'orchestre — et ce sera parfait.

ORDRE (l'). — Aussi indispensable à la ville qu'à la maison.

ORDURES. — Merci, je n'en use pas. Mais je vais vous donner l'adresse de quelqu'un qui s'en fera du *nana*.

OREILLE. — C'est celle-là qui doit avoir une jolie opinion de la Langue, sa commère !

OREILLER. — La clé de la caisse à Coquardeau.

ORGUEIL. — S'il est fondé, c'est une bêtise. — S'il ne l'est pas, c'est une sottise.

ORPHÉE. — Est-ce bien « involontairement » qu'il s'est retourné, au dernier moment ? Je me le demande.

ORIGINALITÉ. — Une chose peut être « neuve » sans être « originale » ; et originale, sans être neuve. Ainsi, il y a des mots qui étaient vieux, avant d'avoir été faits.

ORPHELIN. — Il est un cas où il est, peut-être, un peu moins intéressant : c'est quand il n'est devenu orphelin... qu'après avoir tué son père et sa mère.

OSER, AUDACE. — De même qu'il ne faut pas confondre : Liberté avec Licence ; Courage avec Témérité. De même, en littérature, il ne faut pas confondre « l'audace » avec l'impudence. — Vous avez compris, là-bas ? Oui ? Très bien !

OUÏES. — Angéla, d'un ton sévère : J'ai à vous parlez, Saint-Alphonse ; prêtez-moi vos « ouïes » !

OURS. — Un pochard, à un de ses copains: Viens-tu boire avec nous ? — Non, je vais me promener. — Avec qui ? — Tout seul. — Tu n'es qu'un chameau. — Pourquoi que tu m'appelles un chameau ? — Je t'appelle un chameau... parce que t'es un ours !

OUTRAGE. — Mlle Tata, à Vivier : — Oui, mon ami, il a abusé de ce que j'avais bu trop de cliquot, pour me faire... le dernier outrage.

Vivier (de son accent le plus paternel) : — Rassurez-vous, mon enfant... ce ne sera pas « le dernier ».

OUVRIER, OUVRIÈRE. — On cause de la belle Mme X, qui est très bien faite. — Oui, elle a une jolie jambe. Mais les chevilles... Oh! les chevilles... — Enfin des chevilles... ouvrières.

OVATION. — Le jour où on LUI en fera une, qu'IL se méfie. — Ça ne pourra être qu'un charivari — déguisé.

P

PACIFIER. — Traduisez : écraser, broyer un pays, jusqu'à ce qu'il ne puisse plus remuer ni pied, ni patte.

PACOTILLE (livres de). — Des livres qu'on vendra, demain, « à la livre ». Et tout le monde sait desquels il s'agit.

PAILLASSE (une). — Elle vaut un lit de plumes, si l'amour nous y endort et si l'amitié nous y réveille.

PAIRE (la). — Dans un ménage, je vois bien la mère ; je vois même « le père » ; mais je vois rarement « la paire ».

PAIX. — La reine des ouvrières. Mais on ne la laisse pas assez travailler de son état.

PÂLIR. — Après une faute, on devient rouge. — Après un crime, on devient pâle. = Donc, se méfier des pâles.

PALLIATIF. — Exemple : — Excusez-moi de vous avoir un peu rudoyé tantôt ; mais que voulez-vous, je ne peux pas entendre dire une bêtise, sans bondir au plafond !

PAMOISON. — Elle n'a jamais l'air mieux sentie, que quand elle est feinte.

(ASPASIE.)

PAMPHLÉTAIRE. — Un porc-éplume.

PANÉGYRIQUE. — Un académicien, ayant appris qu'un de ses confrères était chargé de faire son panégyrique : — N'y mettez pas trop... d'aigreur, lui dit-il, en souriant.

PANIQUE. — Une affoleuse, capable de changer des lions en lièvres ; et les plus vieux lapins... en lapins.

PANNEAU, PIÈGE. — J'aime encore mieux être celui qui y tombe, que celui qui le tend — affaire de goût.

PANTHEISTE. — C'est comme un amoureux qui a tant de maîtresses, qu'il n'a pas le temps d'avoir — de l'amour.

PANTIN. — Voyez : Amoureux.

PANTOMIME. — Langage muet, avec lequel il trouve encore moyen de nous faire rougir. (V. *La Curée*, *L'Assommoir*, *Nana*, etc.)

PAON. — J'en connais un qui n'a qu'une plume; et qui n'en est pas moins content de lui.

PAPA. — Ne dites jamais « mon père », monsieur Bébé. Dites : « Papa. » C'est toujours plus prudent.

PAPERASSES. — *Pot-Bouille*, *Chérie*, *Nana*, *Elisa*, etc.

PAPIER. — Pauvre innocent ! De combien de crimes on t'a noirci !

PARTAGE. — Voici comment on l'entend d'ordinaire. Un Parisien disait à un vieux paysan : Comment, voilà que vous devenez partageux ? Mais vous ne savez donc pas que, le jour où l'on mettrait tout en commun, vous n'auriez pas cent écus, pour votre part ?
— Eh ! bien ?... avec ce que j'ai déjà !

PARAPHRASE. — La « phrase » me paraît déjà bien suffisante.

PARASITE, PIQUE-ASSIETTE. — Voyons, qu'est-ce que tu as ? Tu ne dînais, d'abord, chez moi, que deux fois par semaine ; maintenant, tu y dînes tous les jours. Qu'est-ce que tu veux de plus ?
— Je voudrais pouvoir amener des amis !

13.

PARAPET, PARAVENT. — En Médanie, c'est la même chose.

PARCIMONIEUX. — Pendant le siège, un maire avait fait placarder une affiche commençant ainsi : « Citoyens, la nourriture commence à devenir *par-cimonieuse...* » (Textuel.)

PARENTS. — Ne pas confondre avec famille. Les « parents », c'est le sang qui les fait. La « famille », c'est le cœur.

PARENTHÈSES. — Comme les portes — surtout faites pour être « fermées ».

PARIS. — Etant un peu misanthrope, je n'aime pas beaucoup les villes et j'aime encore moins les capitales. Je dois dire, pourtant, que je préfère de beaucoup Paris à Londres. — Attendu que Londres est encore plus peuplé.

Mais, en fait de villes, mon idéal c'est Pau, — en été ; et Bigorre — en hiver. Et voici pourquoi : c'est que, en hiver, tous les habitants de Bigorre sont à Pau ; et que, en été, tous les habitants de Pau sont à Bigorre !

PARISIENNE (une). — Tu sais que Jeanne est malade ?

— Oui ; et je suis allée prendre de ses nouvelles tantôt.

— Comment va-t-elle ?

— Tiens !... je ne m'en souviens plus !

*
* *

ELLE était à Trouville, où elle changeait de *toilette* six fois par jour. Dans l'après-midi, rencontrant sur la plage un de ses amis qui passait, sans s'arrêter : — Vous ne me saluez plus ?

— Oh ! pardon !... mais, comme vous avez la même robe que tantôt... je ne vous avais pas reconnue !

*\
* *

Incapable de faire une demi-lieue à pied, au bal, elle lasserait un facteur rural.

Déjeunant d'une tasse de thé ; dînant d'une mauviette, qu'elle peut à peine digérer, à souper elle digérerait deux volumes de Zola... texte compris !

PARLER. — L'homme semble avoir pour excuse que le perroquet parle aussi. Mais il a un grand avantage sur nous, le perroquet : c'est qu'il n'est pas l'auteur des paroles.

Croyez-moi, mes chers amis, essayez de rester trois jours sans parler. Et, quand vous y serez parvenus... continuez !

PARNASSE. — Le contraire de la Médanie, le Parnasse. On est petit, tant qu'on y monte; on est grand, quand on en descend. La Médanie, fût-ce un géant qui y montât, c'est un nain qui en descendrait.

PARODIE. — Voulez-vous lire la parodie de *Nana* ou de la fille *Elisa?* Oh ! c'est bien simple : lisez *Nana*, lisez *La fille Elisa* ; tout bonnement.

PARRAIN, MARRAINE. — Si vous ne savez quel nom donner au crapaud, appelez-le « dupe ou dupeur, gobeur ou gobé... » vous aurez de belles chances pour l'avoir bien baptisé.

PARTERRE. — Le seul juge infaillible et qui a toujours raison — même quand il a tort !

PARTI. — En France, le parti dominant, c'est le « parti... pris ».

PARTICULE. — Une façon, pour un sot, de rapetisser son nom — en l'allongeant.

PASSE-DROIT... Et comme une lettre à la poste !

PASSER. — On a dit : « En France, tout passe et tout revient. » En ce qui concerne le Documentisme, il ne faut croire que la moitié de ce dicton :
La première.

PASSION. — Un archet, qui joue de l'homme à sa fantaisie ; et qui lui fait rendre de bien tristes sons.
Mais, « quand on n'a pas de passions, à vingt ans, disait un jour l'auteur de *Francillon*, on a des vices à quarante ».

PATHOS. — L'oasis où le grand romancier se repose, quand il revient de La Villette.

PATIENCE. — Nous en avons eu beaucoup, avec

LUI : nous en avons eu trop ; nous en avons eu tant... que nous n'en avons plus.

PATRIE. — Aimez-la, surtout quand elle n'est pas aimable. Quand elle l'est, il n'y a plus de mérite.

PAUPIÈRE. — Une porte que le Documentisme ne se lasse pas de fermer. — On dirait d'un vœu.

PAUVRES (parents). — C'est ceux-là qui n'oublient jamais leur famille !

PAUVRETE. — « N'est pas vice, » dit le proverbe. Soit. Mais, dix fois sur douze, elle en est la conséquence. Elle est la fille de la Paresse, de la Débauche et du Fil-en-quatre.

PAVOTS. — La forêt de Médan.

PÊCHE. — Est-ce qu'il ne pourrait pas y avoir aussi une époque où il serait défendu de « pêcher... en eau trouble ?... »

PÉDALE. — Une circonstance, aggravante.

PÉDANT. — Tiens, ça rime avec Médan.

PEINE (de mort). — Je ne suis pas un buveur de sang. Mais enfin, si elle n'existait pas, il en résulterait, tout simplement, que ce serait « l'individu » qui aurait le droit de vie et de mort sur la

« société » ; et que la société n'aurait pas contre lui le droit qu'il s'arroge contre elle.

Ce n'est peut-être pas logique.

PENDU (un). — On dit que son dernier regard est toujours tourné vers Paphos. J'aime mieux le croire que de m'en assurer — par moi-même.

PERCER, — Enfin, malgré tout ce qu'on *en* a dit, *il* a fini par percer.

— Oui; comme un abcès.

PERFECTION. — Voilà des milliers d'années qu'on est à sa poursuite, et... les poursuites continuent.

PERFIDE. — « Ah ! le gredin !... Il a pris les devants ! »

PÉRICARDE. — La bourse du cœur. — Elle doit être bien plate.

PÉRIPÉTIES, REVIREMENTS, SITUATION. — Ce sont des fruits qu'on n'a jamais pu digérer, en Médanie; et, incapable de s'en nourrir, on a déclaré, dédaigneusement, « qu'ils étaient trop verts ! »

PÉRIPHRASE. — Encore une qui n'a pas d'agrément dans ce pays-là. Jamais de périphrase, à Médan; le mot « propre... » si je puis m'exprimer ainsi.

PÉRORAISON. — La dernière station. « Ouf ! »

PÉROU. — « Je reviens du Pérou. »

— Eh bien ?

— Eh bien, ce n'est pas... le Pérou !

PERPÉTRER. — Se dit particulièrement, aujour-d'hui, en parlant des romans... que vous savez.

PERROQUET, CANICHE.

Caniche. — Un quadrupède, auquel il ne manque que la parole.

Perroquet. — Un volatile, auquel il ne manque... que le mustisme.

PERSÉCUTION. — Le meilleur moyen pour trans-former en volcan ce qui n'était plus que de la cendre.

PERSPICACITÉ. — Il est bon d'en avoir — mais il est bien regrettable qu'on en ait si peu, qu'on ait si... pas.

PETIT-FILS. — Un fils qui venge son aïeul, en étant, pour son père, ce que celui-ci a été pour le sien.

PÉTROLE. — L'huile du Progrès. Elle éclaire les maisons — et les incendie, au besoin.

PEUPLE (un). — Beaucoup de citoyens. Mais combien d'hommes ?

PEUR. — Faut-il être brave pour être peureux ! Puisque la peur double le danger.

PHÉNIX. — Quand on pense que s'IL eût été un Phénix, il aurait pu renaître de ses cendres ! C'est à faire frémir.

PHILANTHROPES. — Ne pas confondre avec « philanthropie ».

PHILOSOPHIE. — Elle consiste en ce vieux dicton : « Fais ce que dois, advienne que pourra. »

PHRASEUR. — Voyez : Raseur.

PHYSIONOMIE. — Le reflet, la clé du monsieur.

PIANO. — Avis important, aux personnes qui en jouent, et plus important encore pour celles qui n'en jouent pas : — Il y a des pianos muets.

PHYLLOXERA, PESTE, CHOLERA, FIÈVRE JAUNE. — Il est probable que le Créateur a eu ses raisons pour nous les infliger. Sans quoi, il serait bien coupable. Quant à la fièvre « jaune », ce n'est pas à sa couleur que je m'en prends ; et je reconnais que, si elle était d'une autre nuance, elle n'en serait pas moins regrettable.

PINDE, HÉLICON. — L'ascension en est engageante. Mais, si l'on s'arrête à mi-côte, on n'en descend pas, on en dégringole.

PIE. — Un oiseau, presque aussi bavard qu'une femme.

PIÉDESTAL. — Le tout n'est pas d'y monter; mais d'y rester. — N'est-il pas vrai, ma chère Atala ?

PIGEON. — Un oiseau, qu'on tire sur le boulevard et qu'on plume dans les rues adjacentes.

PINCETTES. — Un jour, j'ai pris *Pot-Bouille*, avec mes pincettes, pour allumer mon feu. — C'est elles qui n'étaient pas contentes !

PIOCHEUR, TRAVAILLEUR. — Soyez certains que celui-là ne passera jamais en cour d'assises.

PIROUETTE. — Petit accès de folie, intermittent et de courte durée.

PITIÉ. — Compassion, dédaigneuse.

PLAGIAIRE.

    « Son verre n'est pas grand...
    Aussi n'y boit-il pas ! »

PLAIDER. — Non; ne plaidez pas. Payez; — c'est encore moins cher.

PLAINDRE (quelqu'un). — C'est bien. Mais consolez-le, aidez-le — c'est mieux.

PLAISANT, COMIQUE. — On peut l'être, sans le vouloir. — N'est-ce pas ma pauvre *Renée*.

PLANCHE (Gustave). — Les peintres disaient qu'il était bon juge... en littérature. Je ne sais pas s'il se connaissait en peinture; mais je sais qu'en poésie, il proclamait Victor... le dernier de nos poètes lyriques ! ! !

C'était bien le personnage le plus infatué, le plus grotesque et le plus triomphalement incompétent qui ait jamais manié la critique.

Voyez, du reste, ce qu'il est advenu de ses oracles : Victor Hugo est au Panthéon ; et, ce qui vaut encore plus : il est dans toutes les mémoires.

PLUME. — Pourquoi ne peut-IL tremper la sienne que dans le fiel, l'ordure ou la pommade ? Quand on vient d'EN lire, l'encre de Paul de Kock paraît un miel, et celle de Scribe, un cristal.

PLUS-QUE-PARFAIT. — Il va sans dire que ce mot ne s'applique jamais qu'à un verbe.

POÉSIE. — Savon littéraire, qui sert à se récurer du Documentisme.

POISSARDE.— Un titre qu'on peut mériter, sans avoir jamais mis le pied à la halle.

POITRINE. — Un pays qui demande à être un peu accidenté.

POLICE. — Cette pauvre Police! On en viendra, si cela continue, à exiger d'elle qu'elle découvre les auteurs de crimes, qui n'auraient pas été commis.

— D'ailleurs, me disait hier, avec beaucoup de sagacité, un vieux limier de la préfecture, il est beaucoup plus difficile, en cas de meurtre, de trouver le coupable... que de ne pas le trouver; attendu que les personnes qui n'ont pas commis le crime sont bien plus nombreuses que celles qui l'ont commis ! ! !

POLITESSE. — Si vous rencontrez, un matin, une duchesse sortant d'un hôtel garni, son corset dans du papier... ne la saluez pas — c'est plus « poli ».

POLITIQUE (la). — « Il n'y a qu'un moyen d'en finir avec le *chabonnais* parlementaire », disait un fantaisiste de nos amis : une bonne loi, interdisant aux députés... de parler *politique !*

POLYGAMIE. — Je serais fort étonné si elle avait été inventée par Socrate.

POMPIER. — Un troupier, qui éteint... les bonnes, après les avoir enflammées.

POPULARITÉ. — Au contraire de l'éternité, qui n'a ni commencement ni fin, la popularité n'a pas de « milieu », pas de ventre : rien que le commencement et la fin ; rien que la tête et la queue.

POSSESSION. — En amour, c'est le contraire de la possession ordinaire : elle se prescrit au bout de dix ans, maximum, par le seul fait de la « possession ».

POSTÉRITÉ. — Si vous voulez y aller, prenez, d'abord, le chemin de Médan. Puis, quand vous serez arrivé à la grille, tournez-lui le dos. — La postérité est juste en face ; du côté opposé.

POULET. — Une institutrice avait écrit, dans ses mémoires :

Poulet. — Oiseau à quatre cuisses.

POUVOIR (le). — Un singulier mât de cocagne, qui transforme un libéral en réactionnaire, dès qu'il a décroché la timbale.

PRÉCURSEUR. — Ce n'est que comme tel qu'il faut considérer Wagner. Il aura préparé la route à l'homme de bon sens et de génie qui saura s'en inspirer, avec discernement.

Ce bon Wagner disait un jour, qu'il n'admettait, dans l'opéra, ni le duo, ni le trio, etc. : attendu que, dans la vie réelle, plusieurs personnes ne parlent pas en même temps.

Cet excellent Teuton avait oublié de se dire que, même en ce qui concerne le solo, on ne chante pas, en causant ; on ne parle même pas en vers.

Il avait oublié aussi que, dans la réalité, un salon a quatre pans de mur et non trois, comme au théâtre.

PRÉJUGÉS. — Les préjugés, les clichés, les lieux communs, les rengaines, les paquets tout faits... mettez-les dans le même sac, avec 100 livres de plomb, au fond ; puis, jetez ce sac au milieu de la Seine, et..., une minute après, ils auront reparu à la surface, rajeunis, rafraîchis et ragaillardis par ce petit bain de santé.

PRENDRE. — « Accepter » n'est pas désagréable. Mais « prendre ! » voilà le bouquet.

PRÉSENCE (d'esprit). — Ceux qui ne recevraient de jetons que pour cette « présence-là » seraient rarement millionnaires.

PRÊTER (de l'argent). — Le moyen le plus infaillible pour se débarrasser d'un gêneur.

PRÉVENTIONS. — C'est comme l'autre monde : on n'en revient jamais.

PRÉVOIR. — Croyez-moi, messeigneurs, contentons-nous de tâcher de « voir » ; de voir ce qui est ; de voir à nos pieds ; de voir le bout de notre nez — ce qui nous arrive si rarement.

PRIÈRE. — « Oh ! mon Dieu, veillez sur *moi*, protégez-*moi*, ne vous occupez que de *moi !* »

PRIM. — Un ancien général... de « division ».

PRIMEURS. — « Joséphine, disait le Bon Rapineau, j'adore les primeurs ; et vous m'en achèterez, — dès qu'elles seront bon marché !

PRINTEMPS. — On est au mois de juin, et il fait un froid de loup.
— Quel sale hiver ! dît Thiron.

— C'est, du moins, un été... bien rigoureux, répond Cadet !

PRIVILÉGIÉ (un). — C'est le sire de Médan-Framboisy, qu'il n'est permis que d'applaudir.

Il a, du reste, un bon truc pour avoir toujours raison. S'il est hué, conspué...— Le public a tort ; le public n'est pas à sa hauteur.

Si on l'applaudit, il oublie l'ami Busnach, d'abord ; puis, la voix du public devient un oracle, la voix de Dieu ! Bref il se fait alternativement, de ce bon public, une arme offensive ou défensive. — C'est à se tordre !

PROCHAIN (le). — Aimez-le ; vous y aurez du mérite. Car vous ne l'aimerez jamais autant... qu'il s'aime lui-même — et qu'il vous aime peu !

PRODIGALITÉ. — L'excuse de l'avarice.

PROFESSEUR. — « Enseignez » un peu plus ; « professez » un peu moins.

PROGRÈS (le). — Qu'est-ce qu'on entend par le progrès ?

— Le progrès, me dira-t-on d'abord, c'est la vapeur, l'électricité, le son, le soleil lui-même, devenus nos valets et nos esclaves.

— J'en conviens. Mais, dans un autre ordre d'idées, en quoi consiste-t-il ?

Est-ce dans l'augmentation de l'impôt ? Dans la crû du prix des loyers, des denrées, du prix de toutes choses ; tandis que les traitements n'ont certes pas monté dans la même proportion ?

Est-ce dans le canon Krupp, dans le pétrole, la dynamite, la mélinite et la roburite ? Est-ce dans la soif dévorante du luxe et de tous les plaisirs ? Est-ce dans la substitution du cercle à la famille ? du baccarat au loto, des courses, de la spéculation, du jeu, de l'alea, enfin, sous toutes les formes, au travail et à l'économie ? Est-ce dans la substitution du drame lyrique à l'opéra-comique ; du vaudeville de nos pères à l'opérette ; de la mélopée à la mélodie ; du barbouillage à la peinture ; de M. Manet à Velasquez ?... Et, enfin, est-ce dans l'anarchisme, le nihilisme et la politico-manie ?

— Non, monsieur. Le progrès, c'est LE DOCUMENTISME !

— Eh ! il fallait donc le dire tout de suite ! car vous devez bien penser que ce n'est pas nous qui l'aurions trouvé !

PROLÉTAIRES. — Ce n'est pas tant qu'ils voudraient être propriétaires aussi ; c'est qu'ils voudraient être seuls à l'être.

PROMESSE. — La chienne de Jean de Nivelle.

PROPHÈTE. — « Nul n'est prophète en son « pays... Rien n'est plus vrai, en principe. Mais quand — par gloriole, bien entendu — notre pays vient à nous adopter, ce n'est plus de la paternité, c'est du délire, c'est... de la maternité !

PROSTITUTION. — Une attaque, qui ne devrait être qu'une riposte.

PROVERBES (les). — La bouteille de Robert Houdin.

PROVIDENCE (la). — Ce qu'elle doit voir, dans une journée, de mains tendues, et de poings crispés !

PUBLIC (le). — Un phénomène assez étrange : pris séparément, chacun des éléments qui le composent n'est ni bien intelligent, ni bien scrupuleux. Réunis, ces mêmes hommes deviennent sensés, vertueux et même pudibonds.

C'est, probablement, parce que, groupés et amalgamés, on n'a plus seulement le respect de soi-même ; on a le respect humain ; on a la pudeur des autres.

PUDEUR. — Encore une fleur qui n'a pas d'agrément, en Médanie.

PUÉRILITÉ. — Si ça se passait, avec l'âge ! mais c'est que, souvent, ça ne fait que croître et embellir.

R

RACCOMMODEMENT. — Voyez : raccommodage, ressemelage, replâtrage; et dites-vous que ça ne dure pas davantage.

RACCOURCIR. — Si *le grand romancier* pouvait, d'abord, raccourcir ses machines de moitié ; puis, cette opération faite, s'il daignait supprimer l'autre moitié !... Mais alors, le Bâillement serait obligé de se mettre en grève !

RACLEE, ROULÉE. — Genre de « danse ».

RAISON (la). — Fermée, jusqu'à nouvel ordre, pour cause de réparation à la cervelle humaine.

RAJEUNIR. — Il vaut mieux « vieillir » — ça prouve, au moins, qu'on est encore jeune.

RANCUNE. — La rancune est la reconnaissance... des mauvais procédés.

14

RAYON. — Il en est deux que le grand romancier ne connaîtra jamais : le rayon du génie, et le rayon des bibliothèques. Mais il n'en est pas moins... « rayonnant ».

RÉACTIONNAIRES. — Primo : les actionnaires.

RÉALISME. — Un manteau de pourpre, si on le compare au Documentisme.

RÉCEPTION (académique). — Elle rappelle, parfois, la façon dont on « reçoit » un chien, dans un jeu de quilles.

RECETTE. — Sa cousine la Dépense devrait bien la consulter plus souvent.

RECHUTE, CHUTE. — Exemples : vous faites *Nana ;* c'est une « chute ». A peine guéri, vous faites *Pot-Bouille ;* c'est une « rechute ».

RÉCIDIVE. — Après avoir commis *Pot-Bouille,* se livrer ensuite à des attentats du même genre, c'est la Récidive, dans toute sa férocité.

RÉCLAME (la). — Si sévère qu'on soit, il faut être juste. Et nous reconnaissons que, dans ce genre-là, *le grand romancier* est sans rival.

RECONNAISSANCE. — C'est une des dents les plus difficiles à arracher.

RÉFECTOIRE. — Nourriture *sèche* et *abondance.*

RÉFLÉCHIR. — Une façon comme une autre de faire une bêtise, — mais posément.

REFUSER. — La première condition pour pouvoir « bien » donner, c'est de savoir « bien » refuser.

REGARDER. — Ça ne sert à rien, ô *grand romancier*, quand on n'a pas l'intuition qui, elle, a « vu », sans avoir eu besoin de « regarder ».

REGRET (le). — C'est un reproche au présent, et un sourire au passé.

RELIRE. — Ce n'est certainement pas pour SES ouvrages qu'on a dû inventer ce mot-là.

REMERCIEMENT. — Un acte de simple politesse, auquel notre cœur a, rarement, la faiblesse de s'associer.

RÉMINISCENCE. — Si le wagnérisme est la musique de l'avenir, la réminiscence est la musique... du passé.

REMORDS. — Le tocsin de la Conscience.

RENTES. — Un poison bien bizarre, qui ne donne des nausées qu'à ceux qui n'en boivent pas.

RÉPARTIE. — C'est le contraire de l'impromptu ; et ni l'un ni l'autre ne justifient leur nom. L'impromptu, on le prépare, avant ; la répartie, on ne la trouve, qu'après.

RENOMMÉE, RÉPUTATION. — En France, il faut en avoir une, à tout prix — fût-elle mauvaise.

REPENTIR (le). — Exemple : « J'ai demandé cinquante louis à Coquardeau, qui me les a donnés sans hésiter..

— Ah ! je « me repens bien »... de ne pas lui en avoir demandé cent ! »

RÉPUBLIQUE. — Comment un si bel oiseau peut-il avoir une si vilaine queue ?

RESOLUTION. — Ce n'est pas le tout d'en prendre une. — Il faut la suivre.

RESPECT. — On a dit, il y a longtemps déjà : « Le respect s'en va. » Mais pourquoi est-il parti ? — Parce que la « Respectabilité » lui avait tracé la route.

RESSENTIMENT. — Colère, en bouteille.

RESSUSCITER. — Une indiscrétion qu'un mort — qui sait vivre — ne peut se permettre que quand il n'a pas d'héritiers.

RESTITUTION. — Je crois que, quand on restitue, volontairement... c'est qu'on y est forcé.

RÉSUMÉ. — Un post-scriptum, souvent plus long que la lettre.

RETARD. — Quand Arthur commence à être en « retard », c'est le prélude du Chant du départ.

RETOUR. — Un mari en voyage doit toujours annoncer son retour — à moins qu'il ne songe à divorcer.

RÉTRACTER. — Nous laissons cela à la loyauté, ou à la lâcheté des personnes.

RÉVEIL (le). — « Attention! l'affaire va s'engager. On va croiser l'ambition et l'intrigue. Parez et ripostez. »

REVENU (le). — Prenez garde, ma chère Froufrou; le revenu n'est pas un revenant; et si vous tuez le capital, il ne reviendra pas, le revenu.

REVERS. — Le tremplin du vrai courage.

RÉVOLUTION. — La pépinière de la Dictature.

RÉVOLUTIONNAIRE, ANARCHISTE. — Un joyeux éclectique, qui n'aurait pas mieux demandé que d'être sergent de ville ou gendarme.

Mais il a échoué. — Ce sera pour une autre fois.

REVUE DES DEUX-MONDES. — « On la prend, on la quitte; on la commence ; on ne la finit pas Enfin, c'est la tapisserie, des hommes. »

RIBAMBELLE (d'enfants). — Les enfants, des autres.

RICANEMENT. — Façon de dire leur fait aux pièces, plates ou grotesques, qui ne méritent que le

14.

dédain. Et, par une coïncidence bien bizarre, on a beaucoup ricané, à *Renée*.

RICHE. — L'homme le plus riche est celui qui a le moins de besoins.

RIDICULES (les). — On ne s'en corrige pas. — On les remplace.

RIME. — Même quand elle n'a qu'un pied, elle a souvent plusieurs « chevilles ».

ROBE. — La citadelle la plus assiégée et la plus capitularde. Mais, dans ce genre de combat, c'est toujours le vainqueur qui paie les frais de la guerre.

ROMANCIER. — Le roman exige, avant tout, l'invention, l'agencement ; des situations, des oppositions, des contrastes, des revirements, des péripéties et de l'intérêt. Les prétendus romans de M. Zola se dérobant, et pour cause, à de pareilles difficultés ne sont même pas des romans ; c'est quelque chose dans le genre d'Henri Monnier ; plus alambiqué, moins exact et moins amusant.

ROSSIGNOL. — Il ouvre, alternativement, les oreilles... et les serrures les plus récalcitrantes.

ROTURIERS. — Les uns rougissent de l'être.
— C'est une faiblesse.
Les autres en sont fiers.
— Et pourquoi ?

ROUGEUR. — On rougit de plaisir et de pudeur. On rougit de honte, c'est-à-dire de remords. La rougeur est donc une bonne chose.

ROULADE. — D'une exécution très difficile ; et d'une audition très laborieuse.

ROUPILLEMENT, SOMNOLENCE. — Ce n'est pas avec le *grand romancier* qu'on somnole ou qu'on roupille... On dort !

ROUX (cheveux). — Dans ma jeunesse, on en « rougissait ». — C'était un tort. — Aujourd'hui, ils font prime. — C'en est un autre.

ROUTINE (la). — Pays plat et sillonné d'ornières en tous sens. Elle est bornée : au nord, par l'Entêtement ; à l'est, par l'Indécision ; au sud, par le Préjugé ; et, à l'ouest, par l'Indolence.

On y arrive de trois façons :
Par une pente douce, qu'on nomme l'Habitude ; par un canal, nommé la Tradition, et par une grande route, qu'on appelle l'Usage.
Partout, l'Indifférence, l'Apathie, la Timidité, la Paresse y exhalent leurs parfums stupéfiants.
Nous avons dit qu'on y arrive par trois chemins. Il n'en est pas pour en sortir.
On n'en sort jamais.
On est quelquefois lancé dehors, par quelque éruption volcanique, — mais on finit toujours par y rentrer.

RUISSEAU. — Petite rivière, assez sale, mais très poissonneuse, où l'on pêche, surtout, des romans.

S

SAC (le). — Un des côtés de l'art le plus apprécié, dans certaines usines littéraires.

SACRIFICE. — L'idéal n'est pas de faire des sacrifices : c'est de ne pas les faire sentir.

SACRILÈGE. — Il paraît qu'aujourd'hui il n'en existe plus qu'un : oser toucher au *grand romancier !*

SAGACITÉ. — On la rencontre encore assez souvent — chez quelques animaux.

SALETÉS. — Les fines herbes de la salade documentiste.

SALISSANT, SALISSANTE.

Salissant. — *Pot-Bouille,* et Cie.

Salissante. — *Nana,* etc.

SALONS. — Oh ! ce ne sont pas les salons qui manquent ; ce sont les *salonniers.*

SALTIMBANQUES. — Le nombre est loin d'en avoir diminué. Mais ils ont déplacé leurs tréteaux.

SANCTUAIRE (le). — Médan. Avis : Essuyer ses pieds... en sortant.

SANS DOUTE. — Quelle drôle de façon de dire : « peut-être », car ce n'est guère que dans ce sens-là qu'on l'emploie.

SANTÉ. — Une étoile, qui ne brille que par son absence.

SOUL. — Comme dit la chanson :
« Ça vaut encore mieux qu' d'êtr' bête...
Ça dure moins longtemps ! »

SARCASMES. — Il en crache aussi, à l'occasion, le *grand romancier.* — Mais ça lui retombe toujours sur le nez.

SATIRE (la). — Un tableau, où chacun reconnaît tout le monde — et où personne ne se reconnaît.

SAUCE. — Un accessoire, dont il a fait le principal. Et cette sauce, à la Lubin ou à la Cambronne, c'est trop — à force de ne pas être assez.

SAUCISSON, GALANTINE, etc. — Dans le *Ventre de Paris*, ce n'est pas la charcuterie qui est le

« ventre » de la pièce. Le ventre, c'est l'enfant. Et il a été fourni par la maison Busnach. Un Chevet, celui-là ; et non un Véro-Dodat.

SAUVAGES. — C'est le terme qu'employaient dernièrement — en parlant de nous — un Chinois et un Patagon.

SAUVER. — On l'emploie volontiers au présent et au futur : « Sauvez-moi!... vous me sauverez !... »
Mais on ne dit qu'avec la plus grande répugnance : « Il m'a sauvé !... »
Demandez à M. Perrichon.

SÉCHERESSE. — L'écueil de la concision.

SENS (commun). — Pour exprimer qu'un homme n'a pas de bon sens, on dit qu'il n'a pas « le sens commun ». Or, comme le sens commun, le sens général est le plus souvent le contraire du bon sens. « N'avoir pas le sens *commun* » pourrait-être considéré comme un éloge.

SENSIBLE. — Le cœur, parfois. — L'amour-propre, toujours.

SERMENT. — On dit « prêter serment ». Ce qui prouve bien que c'est seulement un « prêt » et non un « don » qu'on a voulu faire.

SI. — Parbleu, il est clair que, s'IL avait de l'imagination ; s'IL avait du goût, et de l'esprit ; si, enfin, IL se doutait un tant soit peu de son

métier, IL serait un romancier ; pas un « grand »,
par exemple ! — un petit.

SIÈCLE. — Pour exprimer combien le temps lui
avait paru long, en lisant les *Rougon-Macquart*,
un de nos amis les avait surnommés :

La Légende des « siècles » !

SIGNALEMENT. — Passant sur le boulevard,
vous sentez une odeur d'oppoponax, de tubéreuse
et de poudrette... vous entendez un monsieur qui
dit, à chaque mot : MOI, MOI, MOI ! — c'est LUI ;
c'est le *grand romancier*.

SIFFLER. — A moins qu'il ne s'agisse d'une
obscénité ou d'une pièce pouvant froisser des
convictions respectables, siffler un auteur, c'est lui
prouver, qu'on est, à coup sûr, un goujat — sans
lui prouver qu'on soit un juge compétent.

SILENCE (le) — « Le silence est d'or. » Rappelez-
vous toujours ce sage dicton, *grand romancier*,
avant de vous draper dans ces manteaux de pourpre,
dont vous avez la spécialité de vous faire de si
jolies vestes.

SINÉCURE. — Ah ! ce n'en est pas une, allez,
que de relever tous SES coq-à-l'âne !

SIRÈNE. — « Comment, ma pauvre Angéla, tu
es encore avec Saint-Alphonse ?

— Qu'est-ce que tu veux, ma chère, c'est un si-
rè-ne ! »

SOBRIÉTÉ. — On parle de celle du chameau. Le modèle de la sobriété — c'est le vélocipède !

SOCIÉTÉ (la). — Celui qui jugera de la nôtre, par les peinturlurades du *grand romancier*, en aura une drôle d'opinion !

SOI. — Le bonnet dont on se coiffe le plus volontiers.

SOIE. — C'est son froufrou qui fait « les froufrous ».

SOIR (le). — Un délicieux moment; où l'on récapitule ses petites gredineries de la journée; et où l'on mijote celles du lendemain.

SOLEIL. — Crions bien haut que c'est lui qui nous aveugle et qu'il a tous les torts.

SOLENNITÉ. — « La solennité de l'Escalier... » dit *le grand romancier*, dans *Pot-Bouille*. — Qu'est-ce que c'est que ça ? — C'est du Documentisme.

SOLITAIRE. — Un misanthrope, qui doit se dire, au bout de la journée : Décidément, je suis encore un de trop !

SOMMEIL. — Vous EN lisez une demi-page, et, v'lan ! ça y est !

Mais ne pas lire la page entière ; car, alors, c'est la léthargie !

15

SONNET. — « Il vaut un long poëme, » dit Boileau.

Il vaut même beaucoup mieux. Mais il ne vaut pas un quatrain qui, lui-même, ne vaut pas : un distique.

SORT. — On nous a dit que, parfois, quand IL était embarrassé, il mettait des mots dans un chapeau et qu'il les tirait au sort. Ce n'est pas probable. — Le hasard n'est pas capable d'enfanter de ces machines-là.

SOT. — Un sot est, quelquefois, plus sot que de coutume. — Il ne l'est jamais moins.

SOUCIS. — « Qu'est-ce que c'est donc que le cadet de ses soucis ? »

— Dame, c'est le « cadet » de ses enfants, quand on en a deux.

SOUHAIT. — Je n'en formerais qu'un, pour le *grand romancier :* ce serait qu'il fût, d'abord, — un romancier.

SOULIGNER. — On trouve, parfois, quand on a compris, que l'auteur ou l'acteur a trop souligné. Mais on oublie que, souvent, on n'aurait pas compris, s'il n'avait pas été souligné.

SOUPÇON. — Un sentiment étrange, qui nous pousse à chercher ce que nous voudrions — ne pas trouver.

SOUPE. — Le potage de ceux qui mangent, pour vivre, et non pour manger.

SOUPLESSE. — Une grâce pour le corps ; une qualité pour l'esprit ; — un défaut pour la conscience.

SOURDS. — Plus de sourds ! ! ! Grâce au pavage en bois... ils seront tous écrasés ! ! !

SOURIRE (le). — Traduisez : bonté, bienveillance ; et dites-vous que, si les méchants ricanent souvent, et rient même quelquefois, — ils ne sourient jamais.

SOURIS. — On demandait à Mᵐᵉ Rossini, après la mort de son mari, si elle comptait garder son appartement.

— Non, dit-elle.

— Oui, je comprends, il est bien cher : 10,000 fr.

— Oh ! ce n'est pas là la raison ; il y a pour plus que ça de souris !

SOUVENIR. — On écrit sans cesse : « Souvenir, rétrospectif. »

Si un souvenir n'était pas rétrospectif, qu'est-ce qu'il pourrait bien être ?

SPADASSIN. — Si nous avons le spadassin, n'oublions pas que nous avons aussi — la trique.

SPASME. — Le tout est, parfois, d'y mettre le prix.

SPÉCIALITÉ. — *Le grand romancier* a, sans doute, plus d'une corde à sa guimbarde : le pathos, le pantinisme, etc. Mais sa spécialité, c'est l'ENNUI.

SPHYNX. — Non, mon pauvre sphynx, n'essaie pas de LE comprendre. Ça n'est pas possible !

SPIRITUEL. — Encore un adjectif qu'IL n'a jamais pu chausser.

STATUE. — Il est inutile de LUI en ériger ; IL se les dresse, lui-même.

STUPIDITÉ. — Gare ! voilà la bêtise, qui a pris le mors aux dents !

STYLE. — Espérons, au moins, qu'on ne peut pas dire de LUI : « Le style, c'est l'homme. »

SUBALTERNE (un). — Un malheureux, qui gémit d'être traité, par ses supérieurs, comme ses inférieurs sont traités par lui.

SUCCESSION. — Un Eldorado, où l'on arrive par un « bois de chêne » ; et où l'on recherche, avant tout, « la solitude ».

SUPPLICATION. — L'indiscrétion de la Prière.

T

TABAC. — Hein ? Si on nous l'imposait, au lieu de nous le permettre ? On dirait que le moyen âge n'avait jamais inventé pareil supplice.

TABERNACLE. — La demeure du grand romancier.

A genoux, tous !

TABLEAU. — Inutile de le regarder. Voyez seulement la signature. Il paraît que sa seule valeur est là.

TAILLE (jolie). — Le refuge des laiderons.

TALENT. — Si humble qu'il paraisse, le talent peut se passer du génie. — Si radieux qu'il soit, le génie ne saurait se passer du talent.

TALION. — Pour infliger au grand romancier la

peine du talion, il faudrait lui faire lire des machines comme celles qu'il pond. Mais qui pourrait
les écrire, sans tomber en léthargie, au bout du
premier chapitre ?

TÉLÉGRAPHIE. — Celle-là, au moins, elle ne
« fait pas de descriptions » !

TEMPLE. — Un voyageur, en route pour Médan,
nous disait, un jour :

« Oui, je vais dans son temple adorer l'Eternel ! »

— Et pourquoi l'appelez-vous, « l'Eternel » ?

— Dame, parce que ses .. machins n'en finissent pas !

TENDRE. — Je ne déteste pas une femme
« tendre ». Mais à la condition qu'elle ne soit
pas trop rassise.

TÉNOR. — Une paysanne assistait aux débuts
d'un ténor, dont elle avait été la nourrice. A la
fin de son grand air : — Ah ! s'écrie-t-elle, tu peux
bien gueuler tant que tu pourras ; tu ne gueuleras
jamais tant que quand t'étais p'tit !

TERME. — C'est le 8 du mois. Un bohème a
les yeux au plafond ; l'autre fouille dans les tiroirs.

— Qu'est-ce que tu fais là ? dit-il au rêveur.

— Je cherche le « mot ». Et toi ?

— Moi, je cherche... le « terme » !

TERRE (la). — Nous pensions que le maximum,
pour M. Zola, était de prendre le taureau, par

les cornes. Il paraît que nous nous étions trompé.

Après avoir vu, dans le premier chapitre de *La Terre*, par quel bout il le prenait, nous nous sommes enquis de l'état de sa santé. Le délire a un peu diminué ; mais la tête est toujours bien faible.

THÉÂTRE (le). — Voyons, grand romancier, que l'expérience vous serve à quelque chose : n'y revenez plus, ou, au moins, attelez-vous à Busnach... et laissez-le tirer, tout seul.

THÉORIE. — Une rêveuse, à qui la pratique cause de bien cruelles déceptions.

THERMIDOR (neuf). — Réponse du boucher à la bouchère.

TIC TAC. — Le rappel de l'amour.

TIMIDE (un). — Très bizarre : moins il a d'aplomb, plus il en montre.

TINTOUIN (avoir du). — Bonne affaire. C'est la preuve qu'on n'a pas de gros chagrins.

TIRADE. — Une toupie qui ronfle — et qui fait ronfler.

TOAST. — Il a « succédé » à la chanson ; mais il ne l'a pas « remplacée ».

TOISÉ. — S'il ne l'est pas, à l'heure qu'il est, ce ne sera certainement pas ma faute !

TOMBEAU. — Logement, sans « terme ».

TOMBEREAU. — Messieurs les voyageurs pour Médan, en voiture !

TOQUÉ. — Il n'est qu'un moyen terme entre un fou et un imbécile ; et il a le tort de se prendre pour un « fantaisiste ».

TORTS. — Il en est qu'on ne pardonne jamais.
— Ceux qu'on a envers nous ?
— Non ; ceux qu'on a envers les autres.

TRAITRE, PERFIDE ! — Pourquoi des gros mots ? Il faut pourtant bien que l'un des deux commence.

TRAITS (d'esprit). — Ah ! ce n'est pas avec ceux-là que le grand romancier tuera jamais personne !

TRANSACTION. — C'est les avoués qui la trouvent mauvaise !

TREMBLEMENT (de terre). — C'est bien singulier : c'est elle qui « tremble », et c'est nous qui avons peur.

TRENTAINE (la). — « Oh ! la trentaine ! Je n'ai jamais pu décider ma femme à y entrer.
— Moi, j'y suis parvenu, avec la mienne... mais je n'ai jamais pu l'en faire sortir !

TRÉSOR (mon). — Un des satellites de la lune de miel.

TRICOTTEUSES (les). — Des abeilles de « *Convention* ».

TRIVIALITÉ. — Une des perles de *son* écrin.

TROMPER. — C'est Angéla qui parle :
— Oh ! les hommes !... Tu sais, Georges, Albert et Gaston ? Eh ! bien, ma chère, ils me « trompent... » tous les trois !

TROTTOIR. — Ah ça ! il n'y a donc pas de mères, à Paris ?... Il n'y a donc que des « filles ? »

TRÔNE. — Remplacé, en France, par le fauteuil à la Voltaire.

TROUPEAU. — Si vous avez vu un chien de berger travailler de son état, vous avez constaté que, quand le troupeau est dispersé, il le rassemble. Mais avez-vous remarqué aussi que, dès qu'il est rassemblé, il le disperse, pour le rassembler de nouveau. — Bref, un vrai petit homme.

TRUFFES. — Je crois que ceux qui en mangent, trop, peuvent donner la patte à ceux qui les trouvent.

TURBULENT. — Lequel préférez-vous, d'un indolent ou d'un turbulent ?
— J'aime encore mieux le turbulent. Lui, au moins, il a des temps d'arrêt.

15.

U

UNANIMITÉ. — Son père s'appelle le Cliché, et sa mère : la Rengaine.

UNION. — J'admets le proverbe, avec cette petite modification :

« L'union *ferait* la force. »

UNIVERSEL. — Un monsieur qui doit user plus de « vernis » que de cirage.

USAGE (l'). — Quand on fait une faute de grammaire, on dit volontiers qu'elle est consacrée par « l'usage ? »

— Quel usage ? L'usage de qui ?

Il y a l'usage des Augier et des Dumas.

Il y a l'usage de Scribe.

Il y a l'usage de ceux qui disent : « Je *m'en* rappelle ; je pars *à* Alger. »

Il y a, enfin, l'usage des paysans qui disent : « J'avions et j'étions. »

UTOPISTE. — Le dormeur éveillé.

V

VACHES. — Quand on parle des sept vaches maigres de la légende, on les prend, je suppose, avant le moment où elles ont mangé les sept vaches grasses ?

VAGABOND. — Dame, quand on n'est ni propriétaire, ni même locataire, qu'est-ce qu'on pourrait bien être, si ce n'est un vagabond ?

VAGIR. — On vagit, à tout âge.

VAGUE (adjectif). — Jamais vague, en Médanie. Une netteté, une clarté d'expressions, — qui fait regretter les ténèbres.

VALSE. — Façon de s'appliquer une femme qui n'est permise, en société, qu'avec accompagnement de piano.

VANTARDISE. — Une des cordes les plus so-
nores de la guitare documentiste.

VARIATIONS. — Bégaiement musical.

VASE (un). — Sully-Prud'homme et le Grand
Romancier en ont fait l'instrument de leur fortune littéraire : l'un, en brisant le sien ; l'autre,
en le vidant.

VAUDEVILLE — C'est moins gros qu'un roman
documentiste ; et c'est, surtout, moins épais.

VÉGÉTER, VIVOTER. — Jamais ! Tout, excepté
ça !

VEILLE (la). — Si l'on faisait, le lendemain,
seulement la moitié de ce qu'on a projeté, la
veille, la journée n'y suffirait pas.

VENDANGEUR. — Il y en a un qui dispense des
autres, à lui tout seul : Son Altesse le phylloxera.

VENGEANCE. — Croyez-moi, autant que possible, remettez-la au lendemain — tous les jours.

VENIN. — Ah ! il en mêle volontiers à sa pommade et à sa poudrette.

VENT. — Ne s'emploie, en Médanie, que pour
exprimer l'agitation de l'air.
Quand on l'y prend dans une autre acception,
on se sert d'un mot, encore plus court.

VENUS (callipyge). — Une amazone, dont l'arme principale est la giberne.

VERMINE. — Une faune, trop négligée jusqu'ici et qui a enfin trouvé son BOUFFON.

VERNISSAGE. — Le jour où l'on va « se faire voir » aux tableaux.

VÉRON (Pierre). — S'il avait été roi de France, on l'aurait surnommé Pierre le Laborieux.

N'ayant eu pour sceptre que sa plume — une plume, parfois de fer — mais toujours fine, alerte et loyale — il sera surnommé : l'Inépuisable, par ses lecteurs. L'inépuisable du bon sens, de la verve et de la fantaisie. Et, par ses amis : l'inépuisable de l'abnégation, de la constance et du dévouement ; l'infatigable, enfin, de l'esprit et du cœur.

VESTALE. — Jeunes Romaines pour qui le comble de l'art était d'alimenter deux feux, à la fois.

VESTE. — Le seul vêtement que l'on porte en Médanie, été comme hiver.

VEUVE. — Elle va donc pouvoir épouser un blond, si le défunt était brun ; et vice versa.

VICES. — Qu'en résulte-il pour nous ? qu'on est, à la fois, odieux et ridicule ; à la fois sinistre et grostesque.

VICTOIRE. — Une médaille dont le revers est...
« le revers ».

VIDANGEUR. — Ceux qui ne travaillent que la
nuit sont, à coup sûr, les plus acceptables.

VIDE. — « La nature a horreur du vide. » Comment un « naturaliste » comme le grand romancier
peut-il lui vouer une pareille tendresse ?

VIE (la). — Une peine ; dont la longévité est le
maximum.

VIEILLESSE. — Un volcan éteint — qui occa-
sionne encore des tremblements... de tête.

Nous sommes souvent tentés de la plaindre et,
surtout, d'en rire. Mais, sachez-le bien, quand le
corps est resté jeune et l'esprit alerte, la vieillesse
devient une force de plus. Elle nous a apporté
l'expérience, l'impartialité... Puis, lasse d'avoir
toujours contemplé le même, ciel, elle aspire à
des horizons nouveaux ; et, parfois, elle les trouve.
Voyez l'auteur de *Francillon*.

VIN. — Après vous s'il en reste, monsieur Phylloxera.

VIOL. — Une marquise de la Régence avait été
violée par son cocher.

— Sortez, lui dit-elle ; et tâchez que ça ne se re-
nouvelle pas !

VIOLETTE. — L'emblème de la modestie. Il est

douteux qu'elle eût poussé, en Médanie ; mais l'idée n'est même jamais venue d'en semer.

VIRAGO. — Voyant passer deux viragos, qui se ressemblaient beaucoup :

— Quelles sont donc ces deux personnes ? demandai-je à Vivier.

— Je ne les connais pas, me répondit-il ; mais ce sont, sans doute, « les deux... frères! »

VIRGINITÉ. — « Consolez-vous, mademoiselle... ça se passera. »

VISITER. — Allez voir... si quelqu'un est sorti.

VIVIER. — Comment peut-on parler de son « cor », sans parler de son « esprit ? »

VOCATION. — Voyons, on ne me fera jamais accroire que le Documentisme puisse être une « vocation ». Il est bien évident qu'on ne peut faire ça que de parti pris, en se bouchant le nez et les oreilles.

VOIX (la). — La clé du cœur.

VOL. — Il a deux emplois bien distincts : il sert, aux oiseaux, à gagner le ciel ; et, aux hommes, à gagner... la Belgique.

VOLEUR. — Un homme qui ne « trouve » son plaisir, qu'où il le « prend ».

VOLONTÉ. — Oui, c'est convenu, nous avons « la volonté », mais ce qui nous manque le plus souvent, c'est la volonté... de vouloir.

VOMIQUE (noix). — Le seul fruit qui ait pu s'acclimater en Médanie. Et si bien qu'on va être obligé d'y installer un petit « vomitoire », — stuc et onyx —, où la veuve Coupeau pourra aussi « se vider, » au besoin.

VOYOU. — Ça m'est égal, quand il est en blouse.

VRAI (le). — J'ai vu. hier une femme soûle. Et je vous assure, monsieur Zola, que tout ce qu'elle disait, que tout ce qu'elle faisait était indiscutable. — Mais ce n'en était pas plus joli.

VULGAIRE (le). — Personne. — Oh ! vous pouvez le demander à tout le monde.

WAGNER. — Est-ce vrai, monsieur X..., que vous êtes wagnérien ?
— A un tel point... que j'en suis honteux moi-même !

WHIST. — Le seul que je comprenne, c'est le whist, à quatre morts.

Z

ZAÏRE. — Un journaliste disait à un de ses confrères, dans un entr'acte de *Zaïre*:

— Voltaire a du mouvement, et le sentiment du
théâtre. Mais quel drôle de style !

— Il est certain, répondit l'autre, que la langue
a fait bien des progrès... avant lui.

ZÉRO. — Aujourd'hui, nous en avons deux :
l'un, dans les sciences ; l'autre, dans les lettres.

ZOLA (M. Émile). — Résumons-nous.

Non seulement le Grand Romancier n'est pas un
grand romancier ; ce n'est pas un romancier du
tout. Ce n'est même pas un écrivain.

C'est, nous le répétons (après l'avoir démontré, cadavre sur table), c'est : une NÉGATION ;

Un précieux ridicule ;

Un parnassien de Montmartre ;

C'est le parvenu du scandale.

FIN

ÉVREUX, IMPRIMERIE DE CHARLES HÉRISSEY

ASNIÈRES. — IMPRIMERIE LOUIS BOYER ET Cie

www.ingramcontent.com/pod-product-compliance
Lightning Source LLC
Chambersburg PA
CBHW070755270326
41927CB00010B/2142